들판을 달리며

이범찬 수필집

들판을 달리며

이범찬 수필집

1판 1쇄 인쇄/ 2017년 3월 20일
1판 1쇄 발행/ 2017년 3월 25일

지은이 / 이 범 찬
펴낸이 / 우 희 정
펴낸곳 / 도서출판 소소리

등록 / 제300-2007-21호
주소 / 03073 서울 종로구 성균관로 5길 39-16
전화 / 765-5663, 010-4265-5663
e-mail: sosori39@hanmail.net
www.sosori.net

값 12,000 원

ISBN 979-11-5891-069-3 03810

이범찬 수필집

들판을 달리며

더 저물기 전에

서쪽 하늘을 붉게 물들인 그 노을을 누가 아름답다 했던가. 넓은 들판 길을 숨차게 달려온 나그네는 지팡이에 몸을 의지하고 무거운 다리를 끌며 길을 재촉한다. 아무리 가슴을 태워도 끝도 모르는 여정인 것을, 더 저물기 전에 마음을 다스리고 주변을 정리하려는 그 길손의 처지가 오늘의 내 모습이라 생각하니 어쩐지 서글픔이 노을을 가린다.

어차피 가야 할 길이거니 즐겁게 받아들이자고 다짐하며 발걸음을 옮긴다. 그 발자국이나마 남겨두고 싶어 굽이마다 보고 느낀 것을 새겨본다. 남에게 보여주려는 것이 아니라 내 마음을 다독이려는 몸부림이다. 현란한 미사여구나 장황한 변명도 부질없는 것, 진솔하게 드러내 보려고 하지만 부끄러움만 남는다. 언젠가 적어본 시조 「겨울 나그네」가 다시 떠오른다.

서녘엔 노을 짙어지는 해 바빠지고
고향 찾는 철새들 그 울음도 처량하니
나도야 저물기 전에 봇짐 쌀까 하노라.

지치고 힘겨울 때마다 격려해주고 이끌어준 문우들의 따신 정이 있어 이나마 세상에 남기고 가게 되었다. 마음 깊이 고마운 뜻을 전하고 싶다.

2017년 봄

저자 이 범 찬

▷ 차 례

2. 발길 따라

3. 마음을 열고

4. 먹물의 언저리

1.

바람 따라

장닭 오덕

날씨가 제법 차졌다. 새해 들어 서울대 법과대학 동창회 신년인사회의 초청장을 받고 참석하기로 예약을 했으니 털모자에 마스크까지 완전무장을 하고 더 플라자호텔로 향했다. 그랜드볼룸으로 들어서니 반백의 동문들이 가득하다. 내가 11회인데 닭의 해를 일곱 번째 맞이했으니 이제 이런 공식적인 자리를 비울 때도 되지 않았나싶어 내 딴은 이번이 마지막 자리가 될 것이라 생각했다. 그런데 깜작 놀랐다. 제2회의 대선배인 감춘봉(金春鳳) 변호사의 정정한 모습이 보이지 않는가. 그분을 보니 나의 소극적인 생각이 부끄럽기 그지없다.

몇 십 년 만의 만남이다. 지난날의 추억이 떠오른다. 해외여행이 극히 어려웠던 1970년대에 한국법학원이 미국법조계 시찰단 파견을 계속사업으로 추진했었다. 1978년 8월에 제6차로 11명의 시찰단이 떠났는데, 그 일원으로 김선배도 함께 참가했다.

달라스에서 어느 여교사의 초청으로 그 가정을 방문했다. 한국에서는 왜 야간통행금지를 실시하느냐고 묻던 생각이 난다. 아마도 지금 다시 가면, 한밤중에 청와대 100미터 앞까지 군중이 몰려가 촛불의 광란을 벌여도 괜찮으냐고 물을 것 같다. 세상이 변하고 변해 이제는 어둠의 장막이 어른거리니 또다시 야간통행금지라도 필요하지나 않을는지 걱정스럽기만 하다.

올해는 빨간색을 뜻하는 정(丁)과 닭을 뜻하는 유(酉)가 합친 '붉은 닭'의 해란다. 예로부터 닭은 어둠에 광명을 불러오고, 행운을 가져오는 동물로 전해왔다. 우리의 선현들은 닭의 모습과 속성에서 오덕(五德)을 내세웠다. 머리 위의 볏은 문(文)을, 네 개의 발가락은 무(武)를 상징하고, 끈질긴 싸움근성을 용(勇)으로, 병아리들에게 먹이를 함께 먹인다 하여 그 어진 성품을 인(仁)으로, 하루도 어김없이 시간을 알려주니 그 믿음(信)을 높이 샀다.

닭띠가 닭의 해를 맞았으니 그 덕을 칭송하는 노래라도 지어보련다.

긴 세월 참고 견뎌 수만 리 올라온 닭
머리에 얹은 관은 꽃인 양 붉게 피어
관모 쓴 선비의 모습 너뿐인가 하노라. (문)

네 줄기 발가락은 사방으로 뻗쳤고
뾰족한 발톱들은 창인 듯 날카로워
한 발 든 장수의 기상 거칠 것이 없어라. (무)

덩치 작아 날렵하고 눈빛도 초롱초롱
한 판 붙은 싸움판에 물러설 줄 모르니
그 용맹 사방에 떨쳐 그 누가 넘볼 손가. (용)

약육강식 들판에 탐욕이야 끝없건만
먹이 보고 모두 불러 함께 먹는 마음씨
그 도량 크고 넓으니 어질기 그지없네. (인)

어둠 싸인 밤하늘로 먼동도 트기 전에
활개 치며 목청 돋워 새벽을 깨우나니
그 믿음 어김이 없어 새 희망이 넘치네. (신)

더 나아가서 정유년에는 온 겨레가 닭의 오덕을 거울삼아 몰아닥친 난국을 극복하고, 번영의 시대를 앞당기는 희망의 해를 열어보자고 다짐하며 간절한 기원을 해본다.

경강선을 타고

설날이 또 다가왔다. 열차표가 동이 났단다. 고속도로가 꽉 막히고, 밤새워 차를 몰아야 한다는 뉴스가 마음을 설레게 한다. 고향집을 찾는 끈끈한 사랑을 느끼며 가슴을 함께 부풀린다. 젊어서 서울로 올라온 나는 이제는 찾아갈 집도 없고, 거꾸로 올라와주실 부모님도 안 계시니 지난 일만 되새겨볼 뿐이다.

고향이 가까우니 언제든지 찾을 수는 있지만 바쁜 일에 매여 자주 들르지를 못했다. 명절 때 성묘마저도 포기한 지 오래되었다. 세곡동 네거리까지 나갔다가 하도 막혀 되돌아오기를 두어 번 한 후로는 성묘를 안 가는 버릇이 굳어져버렸다. 그런데 언제부터인가 외로울 때면 고향생각을 하게 되었다.

뛰놀던 뒷동산이며 마을을 둘러싼 소나무 둑이 생생하게

되살아난다. 그 둑을 벗어나오면 넓은 개울이 흘렀고, 그 개울을 건너면 수여선 철로가 가로 막고 있었다. 개울가에서 놀다 연기를 뿜어내며 '칙칙폭폭' 기차가 가까이 오면 경주라도 하려는지 건널목까지 달려가 손을 흔들어댔다. 그 추억어린 철마도 자동차와의 경쟁에 밀려나 자취를 감춘 지 오래고, 그 협궤철로는 자동차도로로 변신하고 말았다.

목탄자동차로 한나절이 걸리던 한양 길 이백 리가 고속도로까지 뚫려 한 시간대로 가까워졌다. 남한강가의 작은 전원도시 여주는 시로 승격을 했고, 내 고향 갑동도 중앙동 '가업리'로 자리가 바뀌었다. 영동고속, 제2영동고속, 중부고속도로까지 뚫리고, 여주IC를 비롯해 나들목 만도 다섯 개나 개설되었다. 반도의 중심부에서 사통팔달이니 물류와 교통의 요충으로 발전했다.

금년에는 드디어 경강선까지 개통되었다. 한 시간이면 편히 갈 수 있으니 답답하면 고향하늘을 찾을 수가 있다. 양재동에서는 구파발이나 우이동 가기보다도 쉬워졌으니 크나큰 축복이 아닌가. 부풀은 철마의 꿈을 노래해본다.

말이 끄는 수레 타고 넘나들던 한양 길
경강선 거침없어 동서를 꿰뚫으려
철마는 큰 꿈만 안고 번개같이 달리네.

어둡던 여강 하늘 희망으로 부풀고
인적 드문 산골마저 활기가 넘쳐나니
세종 님 지척에 모셔 오며가며 받드네.

전철마저 개통되었으니 늙마에 전원생활을 즐겼으면 좋겠다는 생각이 들었다. 처사(處士)의 표본이라는 남명(南冥) 조식(曺植) 선생은 노후에 산청에 내려와 산천재(山天齋)를 짓고 청빈한 선비의 생활을 즐겼다. 어찌 내가 그 흉내를 낼 수 있을까만, 그리운 고향으로 찾아들어 건강을 챙기며 유유자적 여유로운 나날을 보내고 싶었다.

지난봄이다. 감기에 걸려 기침이 심해지고, 호흡기내과의 정기검진기간이 단축되자 겁이 털컥 났다. 그만큼 전원생활의 꿈은 절실해졌다. 급한 마음에 딸이 작은 집터를 마련했다. 온 식구가 나름대로 설계를 한다. 나는 '송암과 자향의 오두막'이라고 옥호부터 지어놓았다.

그러나 날이 갈수록 걱정이 앞서니 어쩌랴. 딸은 시골에 혼자 내려가 살기 무섭다 하고, 엄마는 팔다리가 점점 무거워지니 귀촌이 어렵다 하고, 아들은 병원이 가까운 서울이 안전하다고 걱정을 한다. 머릿속의 꿈과 현실생활의 괴리를 실감하게 된다. 출발이 성급했으면 빨리 체념하는 것이 현명

한 판단이라는 결론이 아닌가. 전원의 꿈은 새봄이 오기도 전에 일장춘몽으로 끝났으니….

마음을 비우고, 고향이 생각날 때면 가볍게 발길을 옮기자. 오늘도 경강선을 타고 창밖을 내다보면서 이런 저런 생각에 잠긴다. 경강선을 몇 번이나 더 탈 수 있을까.

너도밤나무 숲에서

- 아오모리 신록나들이 · 1

언젠가 어릴 적 뛰놀던 고향 집을 찾아가보니 위치도 분간할 수 없고, 드나들던 길조차 없어졌다. 그러니 이제는 아오모리가 고향같이 정겹다. 유럽 여행길에 우연히 잠깐 만난 신사, 그분으로 인해 내 인생의 물줄기가 확 바뀌었다. 그를 만나러 아오모리를 여러 번 오갔기에, 그가 살던 집을 떠올리면 고향의 그리움과 정취를 느낀다. 누가 그랬던가. “고향이 따로 있나, 정들면 고향이지.”

오늘도 나는 아오모리의 숲길을 달린다. 집사람이 주선하여 가는 대학동창들의 나들이인데, 이런 저런 사정으로 떠날 무렵에는 최소인원조차 안되어 무산될 형편이라니 어쩌랴. 몇 사람을 동원하여 나도 따라나선 것이다. 그래도 마음은

들떠 즐겁기만 하다.

아오모리의 자랑거리는 사과이지만 일본 열도의 동북지방을 가로지른 핫고다산(八甲田山)이야말로 일본의 보배요 자랑이다. 무려 16개의 큰 산을 품고 있으며 골짜기마다 수백 년의 수령을 자랑하는 나무들이 하늘을 가리고, 구석구석에 박힌 온천장에선 열탕이 흘러내리니 가도 가도 그곳들을 다 섭렵할 길이 없다.

이번엔 아오모리 현립미술관을 둘러보고 바로 첫 숙박지로 향했다. 너도밤나무 군락지를 누비며 핫고다산의 중턱까지 오른다. 삼나무 숲속에 자작나무며 마로니에가 아름드리 둥치를 자랑한다. 서울의 기온보다 한 달쯤 늦어 신록이 한창 싱그럽다. 사계가 철마다 절경을 연출하는 힐링의 최적지니 관광객이 끊이지 않는 것도 수긍이 된다.

해발 780미터의 산중에 일곱 개의 호수가 산재한 늪지대에 자리 잡은 온천장, 천년의 비탕(秘湯)이라 자랑하는 쯔타온천 여관에 일찌감치 짐을 풀었다. 문헌상으로는 1147년(久安 3년)에 병을 치료하는 탕이 있었다는 기록이 있으며, 1897년(明治 30년)부터 본격적으로 쯔타온천의 간판을 내건 유서 깊은 곳이다. 천황을 비롯해 역대 총리가 모두 다녀갔다는 명소이기도 하다.

넓은 욕탕의 밑바닥 나무 사이로 솟아나는 물방울이 뽀글뽀글 올라와서 밖으로 흘러나간다 해서 이름도 '천향(泉響)의 탕(湯)'이라 붙었다. 수령 400년의 집안 기둥에서 세월의 무게를 느낀다. 그렇게도 술과 여행을 즐겨 이곳저곳 다니다가 이 골짝에 반해서 본적까지 옮겨와 머무르다 생을 마감한 작가 오오마찌 게이게쓰(大町 桂月)의 시비와 무덤도 시선을 끈다.

세인의 목숨을 휘감으니
쯔타의 산
탕이 들끓는 곳
물 맑은 곳 -게이게쓰-

소화 49년 6월 10일 게이게쓰 옹 50주기를 기념하여

일본의 근대 판화가 무나가다 시꼬(棟方志功)의 명화 '蔦觀音'도 걸려있는 품격 높은 온천이다.

이 산속 깊숙이 찾아 들어와 산해진미로 배를 채우고 맑은 열탕을 아무리 들락날락한들 본전의 반밖에 찾지 못하는 셈이다. 숲속의 산책을 즐기지 못하면 헛것이라 하겠다. 그래서 해가 지기 전에 가까이 있는 가장 큰 호수(大蔦＝쯔타누마)를 모두 다녀왔다. 맑은 물과 싱싱한 고산식물이며 아름다운 봄꽃의 향기에 하루의 피로를 날릴 수 있었다.

내일 아침 6시에는 일곱 개의 대소 호수를 둘러본다고 했다. 나는 5시부터 나와 부지런한 산새들의 재촉을 받으며 서성거렸는데, 아쉽게도 이철구 사장의 안내로 세 사람만이 조용한 아침 산책을 즐겼다. 한 시간의 힐링을 즐길 수 있는 명품 둘레길이다.

오오누마(大蔦), 카가미누마(鏡沼), 쯔키누마(月沼), 나가누마(長沼), 아까누마(赤沼), 쓰게누마(菅沼: 菅=다다미를 짤 때 사용하는 왕골), 효탄누마(瓢簞沼-瓢簞(효탄)=표주박) 등 일곱 개의 호수에 각각 이름까지 지어 주어 제 나름의 자태를 뽐내고 있었다.

이밖에도 초입에는 아주 작은 늪도 있는데, 이것을 우리가 쯔타(蔦)계곡을 사랑하는 이철구 사장의 마음을 기리는 의미에서 '철구(哲久)누마(沼)'로 명명하여 남기면 어떨까싶다.

둘레길 초입에 들어섰을 때다. 깜짝 놀랐다. 등산하다 행여 산삼이라도 만날까 하는 욕심에 산삼의 잎과 열매를 유심히 보아두었다. 그런데 단풍잎같이 갈라진 오엽의 줄기 사이로 빨간 열매가 소복이 달린 산삼이 뜨이지 않는가. 눈을 의심하면서 소리쳤다.

"이 사장! 빨리 와 봐요. 이거 산삼 아냐? 캐도 괜찮아?"

"나도 한 번 속았어요. 열매와 잎의 줄기가 각각 달라요."

풀숲을 헤쳐 보니 잎은 마로니에의 어린잎이고 열매는 다른 줄기에서 솟아났다. 얼굴이 화끈했다. 자연을 사랑한다며, 숲길에서 힐링을 도모한다며, 가슴엔 욕심이 가득하니 나를 반기는 잎과 열매가 산삼으로 보일 수밖에….

쯔타온천의 숲길 힐링이 하룻밤으로는 아쉽지만 나들이길이니 어쩌랴. 아오모리의 또 하나의 명품 계곡, 오이라세계류가 기다리고 있어 아침을 마치자 서둘러 떠났다.

북쪽의 아오모리현 도와타시와 남쪽의 아키타현 가즈노군에 걸쳐 있는 호수, 도와타호(十和田湖)는 도와타하찌만타이 국립공원의 자랑이다. 59.8평방킬로의 넓이니 호수라기보다 바다가 들어앉은 느낌이다. 수면이 해발 400미터인데 수심은 334미터나 되고 코발트색의 물은 투명하기만 하다. 둘러싼 산과 숲이 투영된 풍광의 파노라마는 물 밖의 실경보다 아름답다. 장관이다. 전망대에 오르면 발걸음이 떨어지지 않는다.

묘하게도 이 엄청난 물이 한 곳으로만 흘러내린다. 가까운 동해로 흐르지를 않고 굽이굽이 돌아서 태평양으로 들어간다. 장장 75킬로의 여정이다. 이 오이라세(奥入瀬) 천의 최상류 14킬로의 부분이 '특별명승천연보호구역'으로 지정된 오이라세 계류다.

호수의 수문을 조절하여 골짝에는 맑은 물이 항상 콸콸댄다. 양쪽 절벽에는 크고 작은 폭포가 쏟아지고, 물가의 너도밤나무 고목들이 하늘을 가린다. 이끼 낀 괴석이며 흐드러지게 핀 들꽃과 눈빛을 나누며 아래쪽에서 상류로 오솔길을 걸어서 올라가는 것이 이 계곡 나들이의 백미이거늘, 우리는 시간에 쫓겨 버스로 스치고 말았다. 아쉬운 마음에 시조 한 수를 적어본다.

오이라세(奧入瀨) 계류

가도 가도 끝없는 너도밤나무 숲에
굽이굽이 끊임없는 옥색 물 콸콸대고
골바람 꽃향기 풍겨 온갖 시름 날리네.

아키타의 명천을 찾아

- 아오모리 신록나들이 · 2

오이라세 계곡 길을 넘어 동북지방 최고의 신록 파노라마라는 도와타 호의 절경을 감상하고, 아키타(秋田)로 이동하였다. 얼마를 달렸을까, 정오가 넘어 수심(432m)이 가장 깊다고 자랑하는 다자와 호(湖)에 이르렀다.

호반의 Rose Park Hotel에서 점심을 마치자 현립자연공원인 다키가에리 계곡에서 산책을 즐겼다. 다시 국도로 나와 아키타의 명천여관 미야코(都)와스레를 찾아든다.

도회의 일상생활을 잊으라는 이름에 걸맞게 가는 길부터 심상치 않다. 국도를 벗어나 다키가에리 계곡의 상류 쪽으로 절벽을 따라 올라간다. 좁은 사도 5킬로를 굽이굽이 돌아가야 한다. 아름드리 너도밤나무, 마로니에, 삼나무, 자작나무들이 울창하고 그 틈에 묵은 등나무들도 햇볕 찾아 엉겨 오른다.

천야만야한 계곡을 메운 물은 유난히 파랗다. 골짝이 넓어 호수를 이룬 곳의 물결을 내려다보노라면 착각을 일으킨다. 희어야 할 물은 파랗고, 파라야 할 물속의 하늘은 흰색으로 빛나니 말이다.

깊은 산골짝에 자리 잡은 나쯔세 온천, 고색이 창연하나 품격 있게 꾸민 미야코 와스레의 앞뜰에 드디어 도착했다.

놀랍게도 버스가 정지하기 전에 종업원들이 도열하여 허리를 굽히고 펼 줄을 모른다. 몸으로 보여주는 환영의 뜻에 모두들 놀라고 말았다. 손님 앞에서는 무릎을 꿇는 것이 몸에 배었으니 손님을 하늘같이 받드는 주인의 마음가짐을 짐작하고도 남는다. 그러니 서너 달을 눈 속에 파묻히는 깊은 산중에 겨우 10개의 객실을 차려놓고도 줄을 잇는 고객을 만날 수 있지 않은가.

짐을 방에 나르는 동안 만남의 공간에 모여 쉬는데, 사장이 나와 환영사를 한다. 도쿄의 좋은 직장을 버리고 선친의 가업을 이어받아 전통문화의 창달에 이바지한다는 당찬 여장부, 그 이름은 널리 알려진 사토 쿄고(佐藤京子)다.

칠순을 넘긴 사장은 특히 한국에 관심이 많다. 일본 열도를 달군 20부작 드라마, 아이리스의 촬영 현장이 아키타현이라 관광명소로 떠올랐다. 그러나 모두가 싫다고 고개를 돌릴 그때, 촬영의 뒷바라지를 흔쾌히 맡아 지역의 발전과 관광 진흥에 이바지한 분이 사토사장이란다. 문화와 예술을 아는 창조경제의 기수가 아니던가.

자기소개가 끝나고 이철구 사장이 정 사장을 가리키며 저 분이 KBS의 전임 사장님이라고 하니, 반색을 한다. 정 사장 앞으로 뛰어가 목을 감으며 안긴다. 놀란 것은 우리 모두인데, 그 여장부는 진심이니 몸짓이 얼마나 자연스럽던가. 모두들 갈채를 보내며 화답했다.

그날 밤, 가슴이 설레었을 정 사장이 잠을 설쳤을 것은 뻔하지만, 바라본 나까지도 이리저리 뒤척이다가 내가 애창하는 '섬마을 선생님'을 패러디해 시조조의 노래 한 곡을 지어 보았다.

쿄꼬(京子)의 노래

구름도 쫓겨 가는 미야꼬 와스레에
철구 따라 찾아온 백발의 할아버지
칠순의 여장부가 가슴을 파고들며
사랑한 그 이름은 KBS 옛 사장님

서울엘 가지를 마오 떠나지를 말아요.

음식 또한 정성이 넘친다. 산해진미를 마음껏 맛보는 가이세끼 만찬을 잊을 수가 없다. 늙은이들에게 너무 진한 음식이라는 불평이 자자할 정도다.

객실은 좁아도 깨끗하고 조용하다. 방마다 노천탕이 있고 앞은 틔어 숲으로 이어진다. 산새들의 울음소리에 이른 새벽부터 깨어 열탕을 들락날락한다. 원천수를 그대로 보내 탕 밖으로 흘려보내는 곳은 그리 흔하지가 않다. 규모가 크고 시설이 현대화하여 대중이 모여드는 이름난 대 온천장이 명천이 아님을 실감한다.

나쯔세 온천이야말로 세상사 잊고 편안히 쉴 수 있는 힐링의 최적 명천이니, 찾아들면 세상을 잊을 수 있지만 나가면 이 산골 집을 잊을 길이 없으렷다.

겨울잠 깬 산장에서

- 미야코(都) 와스레

깊은 골짝 풀숲 헤쳐 벼랑길 찾아드니
얼음골 녹아내려 거센 물결 몰아치고
옥빛 물 흰색 하늘은 발아래 스쳐가네.

약탕물 솟구쳐서 부글대며 넘치는 골
방 열 개 차려놓고 긴긴 나날 눈에 묻혀
세상을 잊노라 해도 찾는 길손 어쩔꼬.

허리 굽혀 마중하고 무릎 꿇는 주인장
차려낸 산해진미 지극정성 모시니
나그네 신선놀음에 떠날 줄을 몰라라.

쓰루노유 온천

- 아오모리 신록나들이 · 3

미야코 와스레의 웰빙 조식에서는 아키타의 명물인 이나니와우동과 이철구 사장이 공수해온 열무김치로 입맛을 달랬다. 어제의 피로를 깨끗이 털고, 오늘은 치유의 비탕 쓰루노유(鶴의 湯)온천을 찾는다.

뉴토산(乳頭山, 1,478m) 기슭의 뉴토온천향에는 여덟 곳의 온천이 각각 특색 있는 성분의 열탕을 뿜어내고 있다.

그중 쓰루노유 온천은 가장 오래된 곳으로 아키타 영주가 애용한 치유탕이다. 그 옛날 학이 상처 입은 다리를 고쳤다고 전해져 쓰루노유란 이름이 붙은 명천이다.

나는 몇 년 만에 다시 왔지만, 시골의 허술한 골짝과 나무를 엮어 세운 울타리며 자갈 깔린 보행로가 그대로 있어 한층 정겹게 다가왔다.

반경 50m 내에 성분이 다른 네 개의 원천탕이 있다. 구로유(흑탕), 다키노유(폭포탕), 시로유(백탕)와 나까노유(노천탕)가 있다.

백탕은 유백색의 유황천이라, 들어가면 물밖에 나온 몸만 보인다. 백탕은 여성 전용탕이고, 그 밑에 있는 노천탕은 수질은 같은 유황탕이나 노천의 넓은 공간을 이용한 남녀 혼탕이다. 노천탕엘 가려면 남녀 따로 마련된 탕의 밖으로 난 문으로 들어가 실내에 있는 다른 문을 열고 나오면 노천탕으로 연결이 되는 구조이다.

나는 유황탕 물에 오래 있기도 갑갑해서 10분 만에 일찍 나와 울타리 너머 평상에서 쉬고 있을 때다. 깔깔대며 비명을 지르는 여인들의 소리에 깜짝 놀랐다. 아뿔싸! 어쩌자고 백탕에서 타월만 두르고 밖으로 나왔나. 노천탕 홍보대사로 자원봉사라도 할 셈인가? 맨발로 노천탕 쪽으로 옮겨가자니 자갈밭 길에 얼마나 아프고 위험한가! 노천탕을 원했으면 처음부터 다른 탕으로 갈 것이지… 호기심 많은 할망구들의 만용이 부른 해프닝에 관광객들만 눈요기를 했다.

먼 훗날, 학을 닮은 풍만한 여인들이 하지정맥류의 불편과 통증까지도 완치했다는 전설이 더해질지도 모를 일이다.

쓰루노유 온천 별관에서 숯불 위에 냄비를 걸어놓고 맛있는 산마된장전골을 먹었다. 물 좋고 쌀 많은 아키타 특유의 요리이니, 맛도 맛이려니와 분위가 이색적이다.

오후에는 가뿐한 몸으로 무사의 거리, 가쿠노다테(角館)에 들렀다. 시간에 쫓겨 아오야기 가(青柳家)의 전시실만을 둘러보았다. 특히 눈에 띄는 것은 그 당시 제작한 일본 지도다.

일본 영토라고 생떼를 쓰며 어린 학생들에게 한국이 강점했노라고 세뇌에 열을 올리는 섬, 다께시마, 그 독도가 분명 한국 땅으로 표시되어 있지 않은가. 그렇다면 우리도 우리 땅 대마도를 도로 내놓으라고 당당하게 주장해야 하지 않겠는가. 착잡한 심정으로 발걸음을 돌렸다.

지난날의 역사 속에 얼룩진 사무라이들의 비애를 알고 보면, 동북지방의 반골기질도, 많은 문인과 미술가를 배출한 예향의 의미도 이해가 된다. 아오모리의 모리(盛) 회장이 그렇게도 한국을 좋아하고 매사에 우호적이었던 것도 새롭게 가슴에 다가온다.

돌아오는 길은 다시 아오모리 공항까지 두세 시간을 달려야 한다. '이철구 여행'의 진면목이 드러나는 시간이다. 일본의 낯선 풍광과 이색적인 문화를 보여주고 안내하는데 그치지 않는다. 이 사장의 입담은 감성이 무뎌진 할머니들을 홀려 놓고 말았으니….

이른 바 '내 사랑, 참깨' 시리즈, 백두산 효도관광단을 안내할 때 벌어졌던 사건의 추억담을 털어놓는데, 흥미진진하다. 우리들의 빛바랜 자화상을 재조명하며 순박한 할머니들의 인정미에서 감동을 불러일으키는 옛이야기다. 그 '명품 주둥이'가 나들이의 깔끔한 마무리를 위해 던져주는 마지막 팁이었다.

다시 찾은 장가계

십여 년 전에 장가계를 보고 얼마나 경탄을 했던가. 가슴 속의 그 영상이 흐릿해지니 다시 한 번 그 감동에 젖어보자고 찾아들었다. 십 년이면 강산도 변한다고 했던가. 산하는 변함없어 더욱 푸르고 울창하건만 사람이 개발한 환경은 놀랍게 달라졌다.

그때 적었던 '장가계일지'를 들추어보니 삭계욕의 보봉호와 황룡동굴을 보고, 천자산자연보호구에서 하룡공원의 전망대까지 케이블카를 타고 올라갔다. 구름에 싸였던 뿌연 천지가 몇 분 후에 벗겨져서 그 놀라운 절경에 갈채를 보냈다. 금편계 계곡 길에서 지쳐버렸던 추억도 되살아난다.

그러나 초창기에 개발한 일부를 보았을 뿐, 이번에는 전혀 새로운 곳만을 보며 다시 놀랐다. 기발한 착상에 상상을 초월하는 도전이다. 자연 환경을 파괴한 것이 아니라 아름다운 산하의 속살을 찾아내, 보는 이의 가슴속에 감동의 영상을 심어주지 않는가. 내 건강상태라면 괜찮다는 여행사 사장의 권유로 또 따라나섰는데, 참으로 잘 갔다.

무릉원(武陵源) 골짝에 자리 잡은 하르모나 리조트(Harmona Resort, 禾田居度假酒店)에 짐을 풀었다. 양쪽으로 절벽이 솟고 사이에 좁은 강이 흐른다. 집이 들어설만한 터를 찾아 앉힌 객실이 여기저기 흩어져 있다. 카트를 타고 이동을 하니 낯선 분위기다. 일행 8명에 현지 가이드 4명이니 오붓한 여행이다. 알고 보니 여행사에서 새 상품을 마련하느라고 점검하는 답사여행이었다. 모두 요리상에 둘러앉아 맛까지도 평가를 하며 협의를 하니 나그네도 주인이 된 느낌이다.

운 좋게도 날씨가 맑아 장가계의 민낯을 마음껏 엿볼 수 있었다. 첫날 아침 십리화랑(十里畫廊)부터 갔다. 입구에서 얼마쯤 걸어가니 수직으로 솟구친 바위기둥들이 갖가지 모양을 뽐내며 우리를 환영한다. 격지격지 포개서 쌓아올린 석영사암(石英砂岩)의 봉우리가 이 지대의 특색이다. 무려 3100여 개의 봉우리라니 신비롭기 이를 데 없다. 그래서 봉림(峰林)이라고 한다.

그림같이 아름다운 봉우리들이 도열한 십리화랑의 골짝을

편도 5.8㎞나 되는 모노레일을 타고 하는 황제관광을 즐긴다. 맨 끝에 솟아 있던 삼자매봉의 위용이 눈에 선하다. 어필봉(御筆峰)을 비롯해 노인봉, 선녀배관음(仙女拜觀音), 미혼대(迷魂臺) 등 가지가지 특색 있는 이름을 붙여놓았으나 일일이 기억할 길이 없다.

오후엔 천자산(天子山)을 올랐다. 사방이 기암절벽이라 암벽의 위용에 식상할 지경인데, 또 놀래주는 괴물을 만난다. 높이 326m의 엘리베이터, 백룡천제(百龍天梯)를 타야 한다. 수직 절벽의 옆구리에다 붙여놓았으니 또 하나의 인공 사각봉우리가 아닌가. 세상에서 제일 높고, 가장 빠르며, 적재중량이 제일 크다고 자랑을 한다. 할 말을 잊는다.

다음날은 장가계 시내에서 올려다 보이는 천문산(天門山, 해발 1,518.6m)을 올랐다. 팔학년의 노인도 고소공포증만 없다면 걱정할 필요가 없다. 세계에서 가장 긴 케이블 카(天門山索道)가 놓여있기 때문이다. 장장 7,455m의 외줄에 매달려 반시간을 넘게 골짝을 내려다보며 달린다. 케이블카를 내리면 봉우리를 끼고 한 바퀴 돌아 천문동(天門洞)에 이른다. 이 하늘공원의 길들은 거의 인공으로 만들어 절벽에 붙여 놓은 잔도(棧道)다. 유리 잔도에서 내려다보면 비행기에서 내려다보는 느낌이니 오금이 저려온다. 귀곡잔도(鬼谷棧道), 천문산사(天門

山寺)를 거쳐 뻥 뚫린 천문동 동굴 문을 바라보면서 하산 길에 오른다.

하산도 계단길이 아니고 에스컬레이터를 타니 걱정할 필요가 없다. 그러나 또 놀라게 된다. 바위산을 뚫고 그 속에다 설치했다. 상상을 초월한다. 100여m의 긴 에스컬레이터를 일곱 번이나 갈아타고, 다시 방향을 바꿔 다섯 번이나 갈아타고 나오면 천문동이 까맣게 올려다 보인다. 여기서부터는 버스로 구곡양장 절벽을 끼고 내려온다. 참으로 가슴 졸이며 즐기는 천문산 관광의 백미라 하겠다.

하산하여 시내로 들어왔다. 늦은 점심이지만 한식으로 송이파티를 하자고 독도식당(獨島餐廳)으로 찾아갔다. 귀한 송이를 두텁게 썰어 내왔고, 탕도 맛이 없다. 누군가 소면 탕에 송이를 곁들이면 좋다고 한다. 소면을 사러갔으나 없어서 라면을 사왔다. 드디어 이 사장이 팔을 걷어붙이고 식칼을 잡았다. 얇게 저민 송이를 구워 대며 새로 개발한 '송이라면'으로 요리 실력을 과시했다. 덕분에 우리는 송이로 포식을 했다.

일찌감치 상해 홍차우(虹橋)공항 근처의 호텔에서 쉬었다. 다음날 오진(烏鎭, Wuzhen)으로 가기 위해서다.

상해서 오진까지 근 두 시간을 달려도 산은 만날 수가 없다. 오진이 가까울수록 여기저기 연잎이 사방에 깔려있다. 이름난 수향(水鄕)임을 실감한다.

오진의 서책경구(西柵景區)에 짐을 풀었다. 누군가 이 도시는 베니스와 교토를 합친 분위기라고 한다. 동서로 뻗은 중앙의 수로를 중심으로 구석구석 물길이 연결되고, 노를 젓는 나무배가 오가니 베니스가 연상된다. 고색창연한 검정 목조건물이 600여 년 전의 모습을 드러내니 일본 사무라이들의 거리가 연상된다. 옛날 마을의 수로와 건너가는 돌다리들의 모습을 그대로 재현하고 목재와 새겨 넣은 문양까지도 정교하게 살렸다. 아무튼 타임머신을 타고 명, 청시대로 돌아간 듯 옛 정취가 물씬 풍기는 짝퉁도시를 거창하게 만들었다. 안에 들어가면 오만 가지 현대식 매점을 차려놓고 나그네를 홀리니, 이곳에서도 또 한 번 혀를 차지 않을 수 없다.

골목길을 돌아보다 내 눈이 끌린 곳은 전족박물관(三寸金蓮館)이다. 전족(纏足)의 악습이 지금은 없어졌지만 나는 어려서 보았기에 감회가 새롭다. 어떻게 10cm로 발을 묶어 놓고 뒤뚱거리는 모습을 보고 즐겼을까. 그것도 자랑스러운 문화라고 박물관까지 차려놓았으니.

단풍나들이

- 하루에 2년 묶음

지난 6월에 아오모리로 신록나들이를 갔다. 그 연초록의 바다를 빨갛게 물들이는 단풍은 더욱 환상적이라고 해서 또 따라나섰다. 힘겨워서 멀리는 갈 수도 없는 처지에, 그나마도 이번이 마지막 나들이가 되지 않겠느냐며 용단을 내렸다. 가보니 잘했다싶었다.

도쿄에서 신칸센을 탔다. 시속 320킬로라니 너무 빨라 창밖의 풍광은 즐길 수가 없다. 모리오까에서 산악지대로 들어서자 구불구불 골짝을 누빈다. 빨리 달릴 수도 없으니 곱게 물든 가을의 정취를 맛볼 수 있다.

이번 나들이는 지난번 신록나들이의 코스를 거꾸로 밟는다. 도와타 호반에서 뉴토산을 바라보니 사계(四季)의 조감도라도 보는 듯하다. 물가의 파란 잔디는 봄빛이고 맑은 호수 물에 잠긴 숲은 여름이다. 좀 더 눈길을 들어 산골짝으로 옮기면 노란색, 빨간색, 초록색이 어우러진 가을 천지다. 놀랍게도 간밤에 첫눈이 내려 뉴토산 정상은 하얗다. 아키타에서나 만날 수 있는 색다른 풍광이 아닌가.

잠깐 휴식을 하고 저 오묘한 이색 지대를 확인이라도 하려는 듯 탐방 길에 올랐다. 이번에도 쓰루노유 온천은 빼놓을 수 없었으나 그 주변의 가을빛은 전혀 다른 세계가 아닌가.

마지막 밤은 아오모리 현의 핫코다 산정에 자리 잡은 핫코다호텔에서 짐을 풀었다. 어둠 속에 도착하여 잘 몰랐으나, 아침에 눈을 뜨니 창밖은 황홀한 단풍숲 속이다. 능선 따라 길게 이어진 3동, 2동, 1동이 동마다 방 번호가 달라 식당이나 온천장을 찾는 데도 착각을 일으키게 하는 별난 호텔이 아닌가.

아침부터 시간 따라 계절이 바뀐다. 1,500m 고지의 겨울 지대를 떠나 얼마쯤 내려오니 가을을 만나고, 더 내려오니 여름 벌판이다. 두 산을 오르내리자니 이틀 동안 계절의 변화를 네 번이나 겪는다. 4년을 사는 셈이라며 즐겼다.

이번에는 오이라세 계곡을 위에서 아래로 달렸기에, 산책로를 걸으며 아쉬움 없이 가을의 정취를 만끽했다. 자동차도로 따라 이어진 오솔길에는 묵은 낙엽이 쌓여 폭신폭신, 가벼운 발걸음을 옮긴다. 콸콸대는 골짝물이 지척에서 나란히 흐르기를 수백 미터니 이번 단풍놀이의 백미렷다.

가지마다 황금빛 물골마다 콸콸대고
가랑 잎 폭신폭신 물길 따라 깔아놓아
나그네 흥에 취했나 쉬어갈 줄 몰라라.

옛사람(朱子)을 만나러

삼월도 중턱을 넘어서니 서울까지 꽃소식이 올라왔다. 사월의 송천서회 회원전에 내어 걸 작품까지 마감하고 나니 더없이 마음이 홀가분하다. 주희의 「권학문(勸學問)」 시를 수없이 쓰다 보면 그가 살던 고장마저 궁금해진다. 때마침 여행사로부터 중국 무이산(武夷山)의 동영상을 보내왔다. 참으로 절경이다.

조선의 유학자들이 그렇게도 가보고 싶어 했던 수렴동(水簾洞)의 무릉도원이 무이산에 있다. 율곡이 흉내낸 '고산구곡가'의 원본 격인 주희의 '무이구곡가'도 바로 이곳의 풍광을 읊은 것이다. 그러니 무이산은 차(茶)의 성지로도 알려졌지만, 바로 유교의 성지가 아닌가. 작년부터 힘든 해외여행은 자제하기로 했으나 파계승이 되는 수밖에. 그저 가슴이 벅차오를 뿐이다.

샤먼(厦門)공항에서 국내선으로 바꿔 타니 40분 만에 무이산공항에 내려준다. 편하게 와 편하게 푹 쉬었다. 이른 아침을 마치자 총 길이 9.5킬로의 무이구곡계(武夷九曲溪)부터 시작했다.

주희가 거슬러 오르며 노래한 강을 우리는 거꾸로 내려오며 구곡을 감상한다. 육인용 대나무 뗏목(주파이, 竹排)에 몸을 싣고 물길 따라 유유히 흐른다. 사공의 구성진 뱃노래가 울려오는 듯 태고의 정취에 흠뻑 젖어든다. 계곡 속의 강이니 그리 넓지도 깊지도 않다. 옥빛 청정수에 좌우 전후방이 기암절벽으로 찼으니 바위숲을 헤집으며 굽이굽이 돌아간다. 탄성이 절로 터진다.

얕은 강 맑은 물살 주파이(竹排)에 몸을 싣고
여울목 자갈밭에 삿대 찍는 처녀 사공
구성진 노랫가락이 가슴 깊이 적시네.

태산의 웅장함, 화산의 험준함, 황산의 기이함, 계림의 수려함을 두루 갖췄다는 무이산이 아닌가. 옹기종기 솟은 봉우리가 서른여섯이나 되며, 99개의 기암괴석이 구석구석 박혀 있으니, 중국에서 처음으로 지정된 유네스코의 세계자연유산

임이 실감이 난다.

구곡계의 중심 오곡(五曲)에 이르면 북쪽에는 은병봉(隱屛峰)이 우뚝 하고, 그 아래 주자가 세운 무이정사가 있다.

입구에서 주자의 조각상이 우리를 반긴다. '武夷精舍(무이정사)'란 네 글자가 걸린 큰 문을 지나 얼마쯤 가면 서원의 낡은 건물이 시선을 끈다. 여러 방 중에서도 특히 강의실이 흥미롭다. 중앙에 스승이 서고 앞에는 좌우로 여러 제자들의 상(像)이 놓였다. 모두 의자에 앉아 있으니, 아무래도 상징적인 조형물일 뿐 그 옛날에 의자에 앉았을 것 같지는 않다.

아무튼 우리는 제자 상 옆 의자에 걸터앉고 스승상 옆에는 이철구 사장이 서서 강론을 편다. 주자의 심오한 사상은 아니지만 그의 생애와 업적을 듣고 그 위대함을 새삼 느꼈다. 무이산에 찾아들어 사서(四書)의 집주(集注)를 저술하면서 성리학의 체계를 확립했다. 성리학은 조선의 통치철학으로 전해져 오늘까지 이르렀으니 그 어느 성인군자보다도 큰 영향을 끼친 셈이다. 옷깃을 여미며 내가 쓴 「권학문」을 되뇌어 보았다.

스승 중 으뜸(萬世宗師)이라 제자들 모여들고
우주 원리 세상 이치 써내고 가르치니
뉘라서 그 깊은 철학 거스를 수 있으랴.

나는 수렴동에 제일 마음이 끌린다. 수직 절벽에서 물이 갈기갈기 흩어져 떨어질 때는 마치 물로 발을 친 것 같다고 하여 붙은 이름이다. 그 까마득한 절벽 아래 놓인 일자집이 삼현사(三賢祠)다. 주자의 스승인 유자휘(劉子翬)가 죽자 그를 모시는 사당에 주자는 百世如見(백세여견, 영원히 뵙는 듯하다)이란 현판을 써 걸었다. 그 후 유자의 장자인 유보(劉甫)와 주자까지 함께 그 시대의 삼현을 모시게 되어 오늘의 삼현사가 되었다.

수렴동 사당 벽에 '백세여견' 써 붙이니
세 스승 함께 모셔 언제나 뵐 수 있고
내 생각 막힐 때마다 수렴청정(水簾聽政) 청하리.

금년에는 수렴동에도 비가 적게 와서, 비류직하삼천척(飛流直下三千尺)이란 글귀가 무색하게, 백여 미터 높은 곳에서 쏟아지는 물의 발을 못 보는 것이 아쉬움으로 남을 뿐이다.

대홍포 차의 모수를 찾아

무이산의 아침이 밝았다. 오전에는 뗏목에 올라앉아 구곡계의 절경을 감상하는 눈의 유람을 즐기고, 오후에는 험한 골짝을 기어올라 대홍포(大紅袍)의 시조를 알현하는 발의 탐방을 한다.

거리에서도 흔히 볼 수 있는 붉은 글씨의 '大紅袍'는 무이산 바위틈에서 자라는 무이암차(武夷岩茶)의 대표 격인 명차의 이름이다. 천심암(天心岩) 구룡과(九龍窠)의 높은 절벽에서 자라고 있는 차의 모수(母樹)를 만나러 많은 관광객이 땀을 빼고 있다. 수령 삼백년이라지만 별로 크지도 않은데, 그것도 네 그루 뿐이란다. 올려다보니 절벽에 돌을 쌓아 밭둑을 만들었고, 바로 아래 밭에는 번식에 성공한 제2대대홍포(小紅袍) 두 그루가 자라고 있다.

저 여섯 그루의 생산량이 얼마나 된다고, 대홍포차봉지는 가게마다 지천일까. 그래도 절벽에 새겨진 붉은 글씨의 '大紅袍'를 바라보면서 우리 팀 일곱 명은 느긋하게 차를 우려마시며 이야기의 꽃을 피웠다.

절벽에 뿌리박고 이슬 받아 수백 년
그 모수 바라보며 차향에 취하려니
신선이 따로 있으랴 온갖 시름 날리리.

찻값이 940원(元)이니 만만치 않으나 그것이 관광이렷다.

저녁에는 장예모(張藝謀) 감독이 제작한 인상대홍포(印象大紅袍)를 관람했다. 차에 관한 내용이나 귀로는 듣지 못하고 눈으로만 보니 수박 겉핥기다. 웅장한 대왕봉의 실경을 배경으로 한 노천극장에서 2천여 석의 관람석을 360도 회전시키며, 레이저 빔과 현란한 조명 속에 2백여 남녀 배우가 동원되니 그 규모와 발상에 혀를 내두르지 않을 수 없다.

구곡계(九曲溪) 다스리는 대왕봉이 늠름해도
오뚝한 옥녀봉은 머리에 숲을 이고
멀리서 바라다보니 그 정을 풀길 없네.

그 큰 봉 앞마당에 관객을 모아놓고
정성껏 선약(仙藥) 빚는 이백 여의 남녀들
손님을 자리 채 돌린 인상 깊은 대홍포.

드디어 결전의 아침이 다가왔다. 발로 싸우는 자기와의 싸움이다. 가장 좁은 바위틈을 빠져나가기도 하고, 무섭게 가파른 절벽 계단도 오른다. 결코 무리를 해서는 아니 되는 트레킹이니 거듭 다짐을 한다.

한 덩어리의 거대한 돌산이 칼로 자른 듯 갈라졌다. 몸을 옆으로 틀고 기어오르는 지옥길, 뚱뚱한 사람은 알아서 결단을 하라는 이철구 사장의 엄포성 경고가 가슴을 더 설레게 한다.

베트남의 구찌터널을 기어나간 용사임을 자부하며 후퇴가 불가능한 좁은 계단을 잡고 오른다. 비가 오면 쏟아지는 물에 더는 엄두도 못 낼 터. 고개를 젖혀 천장을 보니 일직선의 하늘이 보인다. 일선천(一線天)이란 이름이 붙은 까닭도 알만 하다.

돌산을 갈랐거니 어느 장사 칼질인가
좁은 틈 쳐다보면 하늘마저 외줄이니

살 빼고 마음 비우라 골바람 속삭이네.

일선천에서 나와 바로 천유봉(天遊峰)으로 향했다. 강가에서 건너다보았던 봉우리는 더욱 까마득하여 848개의 돌계단이 기를 죽인다. '7부 능선까지만'이란 내 평소의 좌우명을 되새기며 가능하다면 제2휴게소까지만이라도 가보고 되돌아오리라 다짐을 했다. '태산이 높다 하되 하늘 아래 뫼이거늘 사람이 제 아니 오르고 뫼만 높다 하더라'는 양사언의 시조를 떠올리며 조심스레 발을 옮긴다.

정자가 있는 제1휴게소는 제법 널찍한 공간에 경관도 좋았다. 대부분의 아마추어들은 여기서 쉬다 내려가기 마련이다. 나는 거북이걸음으로 쉬지를 않았다. 계단이 더는 안보이고, 천유(天遊) 두 글자를 새긴 돌비석이 꽂혀 있어 물어보니 여기가 정상이라지 않는가. 내려오다 보니 제2휴게소는 정자도 표지석도 없는 조그만 전망대였다.

어쨌거나 나로서는 의외의 대업을 성취한 셈이다. 내려가는 길은 오르기보다 힘이 덜 든다. 꼴찌로 내려왔지만 완주를 한 거북이에게 격려의 박수를 보내준 동료들에게 감사와 멋쩍은 해명을 하며, 가슴 속 깊이 또 하나의 기념비를 남긴다.

까마아득 계단길 엉기며 올라가니
옹기종기 봉우리들 굽이도는 푸른 물
신선들 구름을 펴고 하늘에서 논다네.

무주에 살고파

평생 처음 겪는 찜통더위가 두어 달째 이어지고 있다. 광복절연휴마저 다가왔다. 집에 처박히면 지루한 시간도 문제지만 삼시 먹는 일을 해결하는 것도 걱정이다. 마침 아내가 여의사회에서 가는 문화유산 탐방에 따라간다니 도리 없이 나까지 따라 나섰다. 쓸모없는 늙은이도 명색이 남자라고 대환영이다. 불청객이니 처음에는 좀 어색했지만 즐거운 여행을 편하게 했다.

무주구천동엘 간다니 새벽부터 마음이 들떴다. 폭염으로부터의 탈출만도 큰 소득인데 콸콸대는 계곡을 상상하니 녹음이 온몸을 식혀주는 듯하다. 일찍 출발한 덕에 버스는 9시 반에 예정대로 무주에 도착했다.

백두대간의 줄기가 남쪽으로 뻗어 내린 덕유산국립공원은

전북, 경남의 2개 도, 4개 군에 걸치니 그 규모도 대단하지만, 그중에도 북쪽의 적상산(赤裳山)과 남쪽의 무주구천동(茂朱九千洞)은 가히 절경의 쌍벽으로 꼽을 수 있으리라.

적상산은 이름만큼이나 아름답기로 명성이 자자하다. 고려의 최영 장군이 탐라의 삼별초 난을 평정하고 개성으로 돌아가던 중 그 험한 산세에 감탄하여 붙인 이름이라고도 전해진다. 과연 붉은 퇴적암이 수백 미터 절벽으로 노출된 것이 마치 산허리를 치마허리가 감싼 듯하다. 가을에는 붉은 단풍이, 봄이면 진달래가 흐드러져 붉은 치마를 두른 것 같이 아름답다고도 한다.

지형이 험준하여 '적상산성'을 쌓고 호국사(護國寺)를 세우고, 사각(史閣)과 선원각(璿源閣)을 지어 중요한 실록이나 서책을 보관했던 곳이다. 우리의 기구한 역사의 굴곡을 엿보고 선인들의 숨결을 느낄 수도 있다.

특히 내 시선을 끄는 것은 양수발전시설이다. 그 가파르고 좁은 산골짝에 아래위로 맑은 호수가 있으니 놀랍다. 북쪽에 상부 댐(적상호)을, 남쪽으로 한참 내려와 하부 댐(무주호)을 축조하고, 두 호수물의 낙차를 이용하여 발전을 하며 그 전기로 아래서 위로 다시 물을 올린다니 그 착상과 노력이 가상하지 않은가.

무주시내서 점심을 마치고 오후에는 무주구천동으로 들어갔다. 덕유산에는 8개의 계곡이 있는데 가장 유명한 70리 계곡이 바로 무주구천동 계곡이다. 오래전에 와본 곳은 계곡의 입구에 불과했다. 무주군의 설천면 나제통문(제1경)에서 향적봉(香積峰, 제33경)에 이르기까지 많은 절경이 자리 잡고 있으니 이 계곡을 걸어서 오르는 것이 구천동 감상의 지름길이다.

가을의 단풍, 겨울의 설경도 더없이 아름답다지만, 녹음이 울창하고 계곡물이 콸콸 쏟아지는 골짝을 거슬러 오르며 찜통더위를 잊는 것이야말로 구천동관광의 백미라 하겠다.

향적봉 바윗덩이 구르고 깎여내려
쌓인 골짝 굽이굽이 솟구치고 휘돌아
구천동 시린 물길은 그칠 줄을 몰라라.

붉은 햇볕 따가워도 어둔 숲길 칠십 리
천년 살이 고목들은 짙푸른 차일인가
백련사 오르는 길목 온갖 시름 날리네.

우리는 덕유산의 900여 미터 지점에 자리 잡은 백련사(白蓮寺, 제32경)로 향했다. 이 절은 신라 신문왕 때 백련선사가 은 거했다는 곳으로 구천동 14개 사찰 중 유일하게 남아있는 사찰이다. 부용영관(芙蓉靈觀, 1485~1571), 청허휴정(淸虛休靜, 서산대사, 1520~1604)을 비롯해 여러 고승들의 수도처로서 유서 깊은 명찰이다. 매표소로부터는 등산객이나 쉬엄쉬엄 올라갈 수 있지, 차량은 통제되고 있어 불편하다.

다행히 우리 버스는 통행허가를 받았다. 김정혜 회장의 친필편지가 평산(平山)주지의 마음을 움직인 덕이다. '들어갈 수 없는 곳을 간다.'고 생색을 낼만도 하다. 버스로 편히 올라갈 수 있었을 뿐만 아니라 스님을 직접 뵙고 귀한 말씀을 장시간 들을 수도 있었으니.

대웅전 앞뜰에서 올려다보니 장중한 현판 글씨가 눈에 들어온다. 자세히 보니 한석봉(韓石峯)의 낙관이 뚜렷하지 않은가. 애써 올라온 보람을 느꼈다. 뜻하지 않은 큰 수확이다. 40년 만에 만난 조양자 교수와 아내를 불러 그 글씨를 배경으로 기념사진을 찍어줬다.

나는 절에 가도 대웅전에 들어가지는 않는다. 그러나 오늘은 평산스님의 말씀을 듣고자 자리를 잡았다.

자기는 다른 스님들이 외져서 별로 선호하지 않는 이 산사가 오히려 좋다며 말문을 연다. 우리가 지향해야 할 목표는 자유인이 되는 것이란다. 자유인이 되는 길을 타인에게 묻는데, 자신이 제일 잘 안다고. 그러니 매일매일 반성하란다. 과거부터 되돌아보고 오늘 하루를 평가해보면 좋은 일보다 나쁜 일을 더 많이 했을 것이라고, 결국 '+'보다 '-'의 길을 가고 있을 게라고, 그 연장선상에서 내일을 바라보면 할 일이 보인다나. 마음을 비우고 베푸는 삶을 찾으라는데 그것이 어찌 나 같은 범부로서야 쉬운 일일까.

김 회장이 영국의 자작(子爵)인 Daily Mail 회장의 이야기를 물었다. 그의 부인이 한국계2세인데 본래 무주 사람이었다고. 그런 연유로 그 회장의 장례를 지내주고, 일주문밖에 부도도 마련했단다. 이 대목에서 나 홀로 추측을 해본다.

저 스님은 느긋해서 평신도의 불전이나 불사에는 별로 관심이 없고, 조용한 경내 분위기만 확보되면 좋겠다는 심사일지도 모른다. 올라오는 비포장도로에 손을 댈 의사가 없다. 그 길이 좋다고 하는 사람도 있다며.

나는 문득 일본 동북지역의 핫고다산(八甲田山)을 떠올렸다. 그 넓은 산에 우거진 숲과 골짝의 물을 부러워하며 찬탄을 아끼지 않았다. 그러나 덕유산에 와보니 무주구천동이 있지 않은가. 규모는 작아도 아기자기하여 훨씬 아름답다. 그들은 구석구석 들어박힌 온천장을 자랑하지만 우리는 33개 절경과 그에 관한 역사의 흔적들이 무궁무진하다. 생각을 바꾸어 길에 투자도 하고, 예술과 인문학을 접목하여 스토리가 있는 관광자원을 마련한다면 관광한류의 꿈도 어렵지 않을 거라고.

스님의 강론도 그칠 줄 모르고 이어졌지만, 나도 아쉬운 생각에 나대로 상상의 나래를 펼쳐보았다. 내가 조금만 젊었어도 무주구천동에 와 살고프다고.

산청은 산야만 맑은 게 아니다

개천절, 연휴가 돌아왔다. 혼자서 집을 지키자니 너무 지루할 듯해 마누라 가는 나들이에 또 따라 나섰다. '문화유산사랑회'에서 가는 곳이 하필이면 산청(山淸)일까 했다. 지리산 자락의 오지이니 산하야 맑겠지만 우거진 나무들을 보러가는 것은 아닐 테고….

유난히 비가 많이 쏟아진 남녘이라 비 걱정까지 하면서 일찍 출발했는데 막상 산청에 도착하니 비는 북상하고 하늘마저 맑았다. 산골짝을 굽이굽이 돌아 올라왔는데 왕릉을 만나다니 깜짝 놀랐다. 더 놀라운 것은 왕릉답지 않게 돌무덤이 아닌가. 1971년 2월 9일에 지정된 대한민국의 사적 제214호, 구형왕릉(九衡王陵)이란다.

김수로 대왕이 개국한 가락국(금관가야)은 제10대 구형왕에 이르러 막을 내렸다. 적국인 신라와 한판 싸워서 패망한 것이 아니다. 적의 기세에 눌려 투항을 했다나. 전쟁을 해서 온 국민이 살상을 당하느니 나라를 바쳐 평화와 안전을 유지하자는 뜻이리라. 결과적으로는 서로 피를 안 흘렸고, 그의 증손자 김유신이 나라를 위해 큰 공을 세웠으니 그 평가는 사람 따라 다를 수도 있겠다. 그러나 구형왕 본인은 나라를 법흥왕(法興王)에게 바쳐 땅속에 묻힐 자격도 없으니 묻지 말고 돌로 덮어달라는 유언을 남겼다고 한다.

나라 바쳐 백성 살린 임금님 잠드셨네
한 판 싸움 피해 놓고 유언을 남겼나니
돌무덤 엉성하여도 천년만년 빛나리.

김정은이 백성의 행복을 위해서 구형 양왕(讓王)을 본받았으면 얼마나 좋으랴만, 핵 개발하여 불바다를 만들겠다며 협박만 하고 있으니… 삼국시대로 거슬러 올라가며 이런 저런 생각에 깊이 빠져들었다.

산에서 내려와 산천재(山天齋)를 찾았다. 산천재 뜰에서는 천왕봉이 보인다지 않는가. 60년대 지리산 종주를 하며 천왕봉에 올라 함성을 토했던 일이 떠올라 얼마나 가슴 설렜는지 모른다. 그러나 막상 뜰에 서니 구름에 가려 볼 수가 없다.

조석으로 바라보며 천왕봉의 정기를 받았을 선비의 모습을 상상하니 부럽기 이를 데 없다.

부끄럽게도 나는 퇴계(退溪) 이황(李滉)은 알았지만 남명(南冥) 조식(曺植)을 몰랐다. 두 분은 동년배이며 영남 유림의 양대 거목이었는데. 남명이야말로 관직을 멀리하고 시골에 묻혀 학문과 후학양성에 삶을 바친 처사(處士)의 표본이 아니었던가.

남명은 61세 때 산청 덕산에 와 산천재를 마련하고 72세에 생을 마쳤다. 안으로는 마음을 올바르게 하고 밖으로는 올바름을 실천하는 경의(敬義)사상이 남명학의 요체다. 남명은 하루라도 이를 잊지 않으려고 몸소 노력을 했다. 그래서 방울소리가 나는 성성자(惺惺子)와 짤막한 경의검(敬義劍)을 항상 몸에 지니고 다녔다 한다. 사라져가는 선비의 참모습을 여기서 만난다. 반백년을 강단에서 지냈지만 드러내기를 즐겨했던 나 자신이 부끄러워 옷깃을 여미지 않을 수 없다.

산천재 뜰에 들어서면 한 그루 고목이 우리를 반긴다. 남명이 심은 매화란다. 겹꽃 홍매화라 하나 철이 지나 그 고고한 자태와 향을 감상하지 못함이 아쉽다. 평생을 춥게 살아도 그 향기를 팔지 않는다(梅花一生寒不賣香)는 매화야말로 선비의 기품을 상징한다 생각하니 꽃 없는 저 묵은 등치에서도 남명의 엄한 모습을 보는 듯하다.

산천재 앞뜰에는 굽어진 매화 둥치
성성자 경의검 찬 그 임은 말이 없어
정상배 들끓는 세상 선비는 언제 올꼬.

안면송 그늘에서

일본을 처음 갔을 때 빼곡히 들어선 삼나무들이 놀랍고 부럽기도 했다. 그러나 이제 와 생각해보니 우리 땅에는 훨씬 자랑스러운 나무가 자라고 있지 않은가. 산야에 지천인 소나무다.

삼나무는 재질도 물러서 우리 적송과는 상대가 되지 않는다. 13척의 배로 133척의 일본 함대를 무찌른 울돌목싸움을 되새겨 보면 안다. 왜선은 삼나무배요 우리 거북선은 소나무 배였으니 돌격하면 연한 삼나무배가 부서질 수밖에 없지 않은가.

우리는 예부터 소나무를 아껴 썼다. 궁궐의 목재, 전선(戰船)의 자재, 왕실의 관을 짜는 나무가 모두 소나무였다. 가깝게는 숭례문 복원 때도 기둥과 지붕에 안면송이 쓰였다. 소나무야말로 서민의 일상생활에 파고들어 함께 살아온 삶의 동반자요, 민족혼이 배어있는 숲의 왕자이며 이 땅을 지켜온

수호신이다.

나는 지금도 솔만 보면 어린 날의 고향 향수에 잠기곤 한다. 봄에 물이 오르면 솔잎도 따 씹고, 묵은 가지의 겉껍질을 벗겨 연한 송기로 목을 달랬다. 어찌 지금의 껌이 그 맛을 당할까보냐. 솔가지가 노랗게 물들 무렵이면 갈퀴로 잎을 떨어내고 긁어모아 한 짐 잔뜩 지고 땀을 뻘뻘 흘리던 기억도 아련히 되살아난다.

소나무가 우리나라에만 자생하는 것은 아니다. 가까운 중국에 가면 더욱 많이 볼 수 있다. 특히 황산은 소나무의 천국이라고나 할까. 춥지도 덥지도 않은 기후와 적절한 습도며 맑은 공기 속에서 몇 백 년을 버텨온 노송들이 그득하다. 황산의 소나무들은 영화도 누리고 산다. 길가의 나무는 반드시 긴 대나무쪽을 엮어 만든 보호대를 두르고 있다. 10대 명송은 유네스코가 세계자연유산으로 지정까지 했고, 수령 팔백 년의 대왕송(大王松)은 바로 옆에 약간 작은 왕후송까지 거느리고 있으니 말이다.

그래도 나는 우리나라의 소나무가 좋다. 금강산 절벽의 소나무들은 짤막하고 구불구불 억세게 자랐으며, 짧은 가지도 남쪽으로만 뻗었을 뿐 북쪽 가지는 꺾이고 삭은 것이 대부분이다. 쌓이는 눈더미와 매서운 강풍을 견뎌내야 했으니 말이다. 고난의 역사 속에 살아온 우리의 자화상을 보는 것 같아 훨씬 정겹고 아름답게 보이니 어쩌랴.

우리 소나무라고 굽기만 한 것은 아니다. 금강산에도 계곡의 초입에는 미인송이라는 쭉쭉 뻗은 홍송도 있다. 울진이나 청송 일대의 금강송이며 태안의 안면송은 곧고 단단한 명품송이다.

그러나 이 울창한 적송림이 일조일석에 조성되는 것은 아니다. 자연번식에 맡겨둘 것이 아니라 오랜 세월 꾸준히 심어가야 한다. 심는데 그치지 말고 정성을 들여 가꿔가야 한다. 가꾸자면 자연 사랑의 마음부터 길러야 한다.

금년에 천리포수목원을 거쳐 안면도의 자연휴양림을 찾은 것은 참으로 좋았다. 싱싱한 저 솔밭이 한결 새롭게 다가온다. 숲이 살아야, 솔이 울울창창해야 내가 건강해지고 우리가 행복해진다. 솔밭에서 불어오는 바람이 뿜어주는 상큼한 솔향기를 마음껏 맡는 것이 최적(最適)의 힐링이요 최고의 웰빙이 아니겠는가.

안면송 그늘 아래 평상에 네 활개를 펴고 하늘을 본다. 솔가지가 높이 사이좋게 하늘을 나누어 가린다. 바람을 되받아 짙은 향을 풍긴다. 바람아, 더 시원하게 불어라.

활짝 핀 무궁화

소소리사로부터 귀한 책 한 권을 받아들었다. 이역만리 척박한 땅에 한글 문학을 꽃피우는 시드니 문우들의 동인지다. 십수 년 동안 맥을 이어온 '시드니문학' 제8집이다.

팔년 전 추억이 새로워진다. '수필문학'지에서 칠월에 이어 팔월, 두 번째 추천을 완료하고 늦깎이 수필가로 등단을 했을 때, 바로 그 8월 말에 시드니를 찾는 문학나들이에 따라나섰다.

"3관왕의 수필가 이범찬입니다."

시드니의 문학행사를 마치고 넓은 잔디밭에서 친선경기를 즐기며 자연스레 벌어진 자기소개의 자리다. 가장 가까운 날에 등단했고, 가장 단기간에 천료를 했으며, 제일 연령이 높은 늦깎이 작가란 설명을 덧붙였다. 그랬다고 내 이름을 지금까지 기억하고 있을 사람이 있으랴만 나는 그날의 일들을 생생하게 떠올린다. 그 중심에서 애쓰던 그곳 여류작가 '이효정' 석 자를 가슴 깊이 새기고 돌아왔다.

우리 배달의 후예들은 지구촌 구석구석 발 닿는 곳마다 열악한 환경에서도 굳건히 뿌리를 내려 한류문화를 퍼뜨리고 있다. 눈물겨운 피땀의 결실이다. 특히 자랑스러운 한글을 살려 문학의 꽃을 피우는 문우들의 발자취가 가슴 뿌듯하게 돋보이는데, 아마도 시드니의 동인활동도 어느 곳보다 활발하지 않을까싶다.

회장을 중심으로 그 많은 동인들이 올린 주옥같은 글발이 가슴을 울린다. 이국 생활의 어려움과 이색적인 감동을 전해주는 사연들로 서울의 문단을 달구리라. 충심으로 축하를 드리며, 무궁한 발전을 믿고 또 빈다.

여기 시조 한 수 덧붙여 꽃다발을 대신한다.

머나먼 남녘 나라 캥거루 뛰노는 곳
구름 따라 뿌리내린 배달의 씨 엉겨서
꿈엔들 잊을까보냐 얼이 박힌 한글을.

메마른 데 꽂아 놓은 그루 꽃 무궁화가
여덟 개째 실한 가지 활짝 웃는 꽃봉들
그 향기 하늘을 찔러 천년만년 번지리.

2.

밭길 따라

기념식수행사

2016년 3월 27일 연라동에 사는 생질 장남의 결혼식이 고향에서 거행된다. 오래전부터 기다렸다. 가까운 피붙이라곤 그들 밖에 남지 않았으니, 막내와 고모까지 동원해 참례하기로 했다. 식목일이 닷새 앞으로 다가왔으니 기회도 좋다. 식목행사까지 할 수 있으니.

금년 봄에는 충북농원에 묘목을 주문하리라 별러오던 터. 오래간만에 포근한 날씨다. 산수유, 개나리, 목련이 피어나니 주말의 오후가 너무도 여유롭다. 지팡이를 짚고, 꽃시장 구경을 나갔다가 고만 일을 저지르고 말았다. 벼르지만 말고, 오늘 사서 내일 가지고 내려가 기념식수를 하자고. 어린 묘목이니 여러 가지를 골고루 골랐건만 15만원도 넘지를 않는다.

이 나무들은 한 살을 더 먹으면 값은 배로 뛴다. 매년 기하급수적으로 값이 배로 뛸 터이니, 이만한 과실이 생기는 투자처가 없지 않은가. 놀라운 성장인데, 우리들 디지털세대는 산림조성의 가치를 잊고, 당장의 현금 수익에만 혈안이 되는 우를 범하고 있지 않은가.

내 수명이 앞으로 5년이라도 나는 장수의 복을 누리는 셈이다. 그러니 올해가 후세들을 위해서 투자를 할 절호의 기회가 아닌가.

건넛마을 당질의 집 가까이에 오두막을 짓기로 합의를 보았으니… 쇠뿔도 단김에 뽑으랬다고 금년은 본격적인 귀농의 해로 삼자. '송암(松巖)과 자향(慈香)의 오두막'을 짓자. 그 기념수도 내일 앞당겨 심어놓자.

뜰 앞에 송암의 나무로 왕벚꽃 한 그루, 그 옆에 자향의 나무로 화이트 가문비, 고모의 나무로 황목련을 나란히 심자.

여내울 농장에는 송암정 기념수로 '우정의 나무 2대'를 새로 심어 둔다. 송암관 기념수로는 화이트 가문비를 돌사당 뜰 오른편에, 왼편으로 운룡 매화와 배롱나무를 심자.

뜰 주변으로는 남천수를 심고, 후문 법면으로는 영춘화를, 연못가로는 금테 개나리를 꽂아둔다. 관리동 앞에 장남의 나무로 백목련을, 구찌뽕은 관상용으로 심는다. 앞 밭 언덕길가에 민종의 '동산수'를, 수정의 산수유를 나란히 앉힌다.

내친 김에 내일 오동나무와 화이트 가문비 한 그루를 더 사서 영종이와 수정이의 동산에도 심어놓고 오자.

드디어 기념식수 행사계획 완료. 내 생애에 가장 보람 있는 거사를 하는 셈이다. 마음도 홀가분하다. 새 아침이 밝아오면 진군! 북소리 울려라!!

이제 눈을 감은들 그 무슨 아쉬움이 남으랴.

꿈속의 옛터

1년 만의 만남이다. 춘추로 두 번의 나들인데 지난봄에 빠지다보니 회원들의 사정이 궁금하기 이를 데 없다. 동창회 못지않게 직장의 동료모임인 성호회(成皓會)는 내게 가장 정겨운 모임이니 오늘도 아침부터 가슴이 설렌다.

성호회는 성균관대학교의 교수모임으로 퇴직교수가 대부분이다. 익살스럽고 술을 즐기는 분이 하나 둘 줄어든다. 구순을 훨씬 넘긴 차 교수가 오늘 안 보인다. 좌중을 잘 웃기는 김 교수도 안 나왔다. 섭섭하고 안타깝지만 어쩌랴, 자연의 순리를 받아들일 수밖에.

잠실에서 한강의 유람선을 탔다. 뚝섬에서 물놀이 하던 젊은 날의 기억을 더듬으며 강바람을 즐겼다. 한강 개발은 참으로 잘했다싶다. 기적이란 말에 걸맞은 일이었다. 그 개발도

수많은 명산을 끼고 서울 한복판을 흐르는 지리적 여건이 갖추어졌기 때문이 아닌가. 이 천혜의 명품 수도를 옮기자 하니 답답하기 그지없다.

점심은 올림픽파크호텔에서 마치고 자유 시간을 주어 모두들 몽촌토성 쪽으로 가며 가을빛을 즐겼다. 멀리 갔다가 버스까지 되돌아오는 것도 힘겨울 듯해서 나는 북쪽 호숫가를 걸었다. 가다보면 몽촌토성역을 만난다기에 전철을 탈 셈으로.

깜짝 놀랐다. 이렇게 아름다운 호수를, 황홀한 가을 풍광으로 본 적은 없다. 일본에 가면 도쿄의 황궁을 비롯해 지역 따라 많은 성을 볼 수 있고, 성곽 주위에는 해자가 파여 있다. 그 해자는 방어용으로 만든 장애물에 불과하므로 아름답지는 않다. 그러나 몽촌토성의 해자는 인공호수라지만 자연스럽고 아름답다. 반월형의 큰 호수가 맑은 물로 가득 찼다. 물 위에는 수련이 깔려있고, 노란 꽃들을 잔뜩 꽂아 햇볕에 빛난다.

호반 따라 우거진 갖가지 나무들도 저 나름의 독특한 색으로 상수리부터 변장을 하고 있다. 물가의 수양버들은 유난히 싱싱하다. 여인의 머리채보다도 길게 치렁치렁 늘어진 잔가지들이 미풍에도 흔들려 참으로 아름답다. 호수 너머 숲의 단풍이 오후의 햇볕을 받아 아름다운 수채화를 그리고 있다. 이렇게 가까운 곳에 명소가 있다는 것을 미처 모르고 외국의 호수를 찾아다녔으니….

공원 입구 쪽으로 나오니 거대한 기념탑이 있다. 역사적인 88올림픽의 내용을 기록해놓아 감회가 새로웠다. 그 뒤편의 광장에는 평화의 문이 하늘 높이 솟구쳐 뻗어가는 우리들의 기상을 상징하는 듯하다. 가슴 뿌듯했다.

높이 솟은 평화의 문 펄럭이는 만국기
팔팔 년 잠실벌에 힘과 마음 어우러져
온 겨레 하나 된 꿈이 새 역사를 펼쳤네.

다음번에는 선조들의 얼이 엉긴 토성과 그 둘레의 숲길을 여유롭게 걸어보리라 다짐하며 시조 한 수를 읊어본다.

숲속에 모셔놓은 꿈말* 토성 아늑하고
둘러싼 호수 물엔 노랑꽃 잠을 깨니
엉기는 백제의 얼은 온 누리에 빛나리.

*곰말에서 꿈말로 된 몽촌(夢村)

말죽거리 사연

나는 시골에서 자라나 성년이 되면서 서울사람이 되었고, 60여 년을 서울을 벗어난 적이 없다. 그래서 영화 '말죽거리 잔혹사'만큼 재미는 없지만 나의 말죽거리 사연을 되돌아보면 감회가 새로워진다.

1·4후퇴 후 정부가 수복하고 대학들이 되돌아오자 대학생이 된 나도 서울에 입성을 했다. 자하문 밖 성벽 밑에서 살림을 시작했지만 불광동, 연신내를 거쳐 강남으로 떠돌이 생활을 많이도 했다.

이화대학의 전임강사가 된 지 얼마 안 되었을 때다. 경영학과의 한(韓) 교수가 땅을 사러 간다기에 따라서 말죽거리 구경을 나갔다. 그 당시는 한남대교 대신 나룻배를 이용하는 시절이었다. 우리는 한강대교를 건너 물어물어 들판 길을 찾아갔다. 한 교수는 우면산 안쪽에 좋은 땅을 샀고, 나는 산 너머에 값이 싼 논 천여 평을 샀다.

발죽거리는 지금의 양재역 주변이다. 한양을 드나드는 나그네가 말죽을 먹이던 곳이니 서울 밖의 변방이기는 하나 예부터 교통의 요충이었다. 김현옥 시장이 한 번 다녀가더니 땅값이 폭등을 했다고 아우성이었다. 그러나 얼마 후 제정된 투기억제세법이 찬물을 끼얹었고, 무슨 이유인지 우면산 주변이 군사보호구역으로 묶여 그 논을 활용도 팔지도 못하고 평생 쪼들려 살았다.

전두환 정권의 말기에 퇴임 후 들어갈 사저를 마련하려고 묶어둔 땅을 갑자기 풀고 구획정리를 했다. 그 덕에 내 논은 대지로 환생을 했다. 그러나 김영삼 정권이 들어서자 어설픈 토지공개념이론에 따라 나대지에 응징적인 중과세정책을 폈다. 수익 없는 대지에 퍼붓는 공한지세를 못 내면 물납(物納)으로 징수한다. 몇 해만 물납처분을 당하면 땅이 날아갈 처지니 너도 나도 무리하게 집을 짓고, 그 결과 부동산시장이 불황의 늪에 빠졌다. 설상가상 IMF경제위기까지 덮쳤다.

이러한 굴곡의 세월 속에서도 서울은 발전해왔다. 한양의 남쪽 변두리에 솟았던 남산은 오늘에는 서울의 중앙에 자리 잡은 중산(中山)이 되었다. 아름다운 남산이 있고 넓은 한강이 흐르기에 세계에 유례를 찾아 볼 수 없는 명품 수도라고 자랑할 수가 있지 않은가.

서울의 발전, 한국의 부흥을 흔히 '한강의 기적'이라고 한다. 돌이켜보면 한강의 기적은 고속도로 없이는 상상도 할 수 없다. 그러나 그 건설 당시에는 나라가 망한다고 지도자란 사람들이 길바닥에 누워 몸부림을 쳤고, 일부 지식인들도 덩달아 반대를 했으니 씁쓸하기 이를 데 없다.

이 자랑스러운 서울을 떠나자고 세종시를 만들고, 수도를 몽땅 옮기자는 의견까지도 나오니 참으로 안타깝다. 나는 서울 같은 명당자리를 본 적이 없다. 말죽거리까지도 서울의 번화가로 발전한 반백년을 돌아보며 서울의 찬가를 목청 돋워 다시 불러본다.

빈덕리 사람들

시골에서 서울 유학을 하기란 쉽지 않은 때였다. 나는 대학원까지도 집에서 보내오는 돈으로 편히 마친 행운아다. 시골의 땅을 팔아다 쓸 수밖에 도리가 없었다. 돌아가신 부모님을 생각하니 부끄럽기 이를 데 없다.

내 힘으로 돈을 벌게 되었으니 나도 고향에 땅을 사서 자식들에게 보태주어야 마음이 가벼워질 성싶었다. 그래서 처음으로 투자한 곳이 빈덕리에 있는 임야다. 지목은 임야이지만 복송아가 가득 심겨있는 밭이다. 무엇인가 소유하면 그때부터 걱정이 뒤따르는 법이렷다.

어느 해 봄날이다. 경작하던 임차인이 갑자기 못하겠다고 한다. 전정을 해야 할 시기인데 다급해졌다. 경작자를 찾지 못해 동리에서 관리해 무상으로 따먹고 나무나 살려달라고 애원했으나 그것도 실패. 한 해를 묵히고 나니 과수원이 못 쓰게 되었다. 처음으로 맛보는 쓴잔이다. 그 후 몇 해를 방치해버렸다. 그곳으론 발걸음도 안 했다.

어느 누가 고구마 밭으로 쓰겠다기에 임대계약을 체결했더니 3년을 경작하고 손해 보았다며 포기한다. 계약은 아무런 의미가 없었다.

6년분의 임차료를 미리 받고 인삼밭으로 빌려주었다. 밭에 거름을 펼치려고 하니 동리 청년들이 상수원을 오염시킨다며 저지한다나, 나보고 해결해달란다. 결국은 인삼밭 임대계약도 해제하고 말았다.

묵은 밭둑에 그 전 주인이 살던 초가집이 있었다. 묵혀두니 아이들의 놀이터가 되고, 화재의 우려가 있으니 헐어달라고 동리 이장이 요구한다. 필요하면 다시 새로 짓지, 쉽게 생각하고 헐라고 승낙했다.

동리에서 하천을 넓히며 수리사업을 하겠으니 소요되는 땅의 사용동의를 해달라고 해서 마음대로 쓰라고 흔쾌히 승낙했다.

나는 외지인으로 동리의 공동이익을 위해서, 그분들과의

친화를 도모하기 위해서는 마음의 문을 열어도, 시골 분들의 닫힌 마음은 좀처럼 열리지를 않는다.

지난여름이다. 오랜만에 산을 둘러 보러갔다. 나올 때 보니 좁은 농로 위에 경운기를 세워 놓고 밭에서 일을 한다. 좀 치워 달라 하니 이런 저런 불평을 늘어놓는다. 자기네 밭을 가로질러 길이 났으니 다니지 말라는 뜻인가. 오래전부터 다니는 농로인데….

내가 맹지를 샀으니 내 생전에 그 불편한 관계를 해소할 셈으로 정식 도로를 개설하자고 서둘렀다. 우선 측량부터 해보니 농로의 대부분은 하천부지로 지나갔고, 밭의 끝이 공교롭게도 길을 가로질러 뻗었다. 불과 십여 평이다.

그 부분을 팔라고 하니, 213평 전부를 사야 팔겠다니 어쩌랴. 동리 분들과 친화를 도모한다는 뜻에서 전체를 사기로 결단을 내렸다. 값을 말하라고 하니, 얼마 후 가족회의를 거쳐 평당 20만원을 요구한다. 비싸지만 어쩌랴.

중개인을 통해 계약할 날짜를 잡자 하니 소식이 없다. 이유인즉 시동생이 30만원이 적정가격이라고 반대를 한다나. 어처구니가 없어 내가 아는 동리 부인에게 절충을 부탁하니, 며칠 동안에 또 뛰어서 35만원이라야 판다고….

35만원에 동의하면 50만원으로 폭등할 것이 명약관화하다.

결국 안 사겠다고 포기선언을 하고 말았다.

몇 달이 지나도 잠잠하니 20만원에 사라고 다시 전해온다. 농사를 내 손으로 지을 수도 없는 처지에, 샀다가는 또 어떤 고난을 두고두고 겪을지 생각만 해도 캄캄하지 않은가.

농로로 굳어진 지 오래된 땅인데 나만이 통행의 제한을 당할 이유가 없다. 끝내 권리를 주장한다면 나도 민법상의 지역권을 근거로 토지 사용료를 지불하면 될 것이다. 분쟁화하면 법의 심판을 받는 수밖에. 끝도 없는 갑질에 계속 당할 수만은 없으니 계몽 차원에서도 내 갈 길을 가기로 했다.

곳에 따라서는 귀농 귀촌을 환영하고, 갖가지 혜택을 주며 지원도 한다는데, 산속에 파묻힌 빈덕리의 봄은 언제쯤 오려나. 내 고향 사람들이니 더더욱 답답하다.

여자 말을 들어야

암탉이 울면 집안 망한다는 말이 있다. 그러나 언제부턴가 세상이 바뀌었다. 여자 말을 잘 들어야 편하다. 아니 여자 말을 하늘 같이 떠받들어야 살아남을 수 있다. 아들 바라기 세태에서 태아가 딸이라면 반기는 시절이 되었다.

돌이켜봐도 어머니 말씀 잘 따랐더라면 속도 썩여드리지 않아 후회할 일도 없었을 걸. 열심히 공부해 보다 훌륭한 사람도 되었을 터.

어머니 품을 떠나니 다른 여자의 치마폭에 싸여 살아간다. 아내의 말을 들어야 즐겁고 살림살이도 평안해진다. 그 여인 사별이라도 하면 수탉 노릇도 못하고 후회막급이다. 겪어봐야 실감이 날게다. 있을 때 고분고분 말 듣고 잘해 줄 걸….

어제 스승의 날이라고 제자가 찾아와 어느 일식집으로 모신단다. 위치를 물으니 내비에 찍어놓았단다. 어느 길로 가는 게 빠를까, 의견들이 엇갈리니 기계 속의 여자 말만 잘 들으면 된다나? 어련히 알고, 오른쪽 왼쪽 지시해주는 낭랑한 저 여자의 말을. 그렇다. 한바탕 웃으며 모두들 수긍했다.

문득 텔레비전에서 방영된 석창우 화백의 서예크로키가 떠오른다. 어린 딸을 낳아놓고 불의의 감전사고로 양팔을 잃었다. 그러나 불굴의 도전정신으로 새 삶을 개척했다. 방청객 앞에서 의수에 붓을 꽂아달고 순식간에 '희로애락'의 수묵화를 그려 발도장(낙관)까지 찍자 갈채가 쏟아진다.

"양팔 없이 어떻게 그림 그릴 생각을 할 수 있었습니까?"

천신만고 끝에 겨우 목숨을 구하고 상처가 마무리된 상태였단다. 어린 딸이 엄마에게 그림을 그려달라고 조르니, 엄마는 깜박하고 아빠에게 그려 달래라고 미루었단다.

아빠는 철부지 딸의 청을 거절 못해 새를 그려줬다. 그 첫 작품이 도전의 원동력이 되었다고. 짜증을 내며 엄마를 야단치지 않고, 그녀의 말을 들었기에 오늘의 대가가 된 셈이 아닌가.

요즘 세상 돌아가는 꼬라지를 보면 쓴웃음이 절로 난다. 국회를 저 꼴로 만들어 놓고 뻔뻔스럽게 세금만 축내는 작태도 쓸모없는 수탉들의 싸움박질 덕분이 아닐까.

옛날에는 암탉이 울면 집안이 망한다했지만 요즘은 암탉이 울면 집안이 흥한다고 한다.

자리공과 싸움하기

올해는 마른장마에 유난히 더웠다. 태풍이 스쳐갔다지만 내린 비마저 흡족치 않았으나, 비온 끝이라 고속버스에 몸을 싣는다. 아들의 버섯농장도 궁금하지만 다녀온 지 일주일이나 지났으니 그놈들이 얼마나 기승을 부리고 있을까 걱정이 앞서서였다.

지난해 상수리나무를 베어낸 자리에 드문드문 묘목도 심었으나 엉기는 잡초의 기세에 밀려 백기 들고 내가 투항한 꼴이었다. 올해는 푸른 하늘을 가리던 큰 나무 그늘조차 없으니 온갖 들풀의 싹이 더욱 기세등등할 터, 그래서 일보 후퇴. 그 많은 잡풀 중 제일 고약한 놈 하나만이라도 골라 씨를 말리기로 전략을 짰다.

잎이 깨끗하고 탐스럽다. 뿐만 아니라 빨리 자란다. 맨손으로 뽑으려면 줄기가 끊어지고 만다. 며칠 지나면 뿌리에서 또 새순이 돋는다. 뿌리는 돋아난 싹보다도 길고 굵어서 괭이로 파내기 전에는 뽑히질 않는다.

이놈을 주적(主敵)으로 지정하고 이른 봄부터 싸워온 데는 또 다른 까닭이 있다. 한더위를 맞으면 꽃이 핀다. 수없이 많이 달리는 떨기꽃이 지면 보랏빛 열매가 달리는데 그때 가서 뽑아내려 덤벼들면 옷에 물이 들고 씨가 퍼져 낭패다. 꽃이 피기 전에 소탕하는 것이 상책이다.

저놈을 발효하여 그 억센 기운을 농약이나 성장촉진제로 쓸 수는 없을까도 생각해 보았다. 도대체 그 이름이라도 제대로 알아야 찾아보기라도 할 터인데….

답답하던 터에 아들이 용케도 알아냈다. 이름도 별난 '자리공'이라나. 오늘도 팔십여 포기나 캐냈다. 허리가 끊어질 것 같다. 그러나 기분은 후련하다. 숙적을 섬멸한 개선장군이라도 된 듯싶다.

집에 돌아오자 인터넷에서 자리공부터 쳐 보았다. 그랬다. 그 풀이 선명하게 뜬다. 오래전부터 우리나라 들판에 퍼져 있는 약초가 아닌가. '상육(商陸)'이란 한약제다.

열매와 뿌리가 독성을 지녀 다른 식물의 성장을 방해하며 동물이 열매를 따먹으면 죽기도 한단다. 약으로 쓸 때에는 보통 탕으로 사용하며, 주로 소화기, 신경계, 비뇨기 질환 등을 다스린다.

연한 순을 잘라 물에 데쳐 하루 정도 독성을 우려내고 먹으면 식감(食感)이 아주 좋은 맛있는 나물이 된다고도 한다. 그렇다면 자리공은 언제라도 어린 순을 구할 수 있으니 봄부터 가을까지 먹을 수 있는 좋은 나물이 아닌가.

그 밖에도 자리공을 가지고 친환경 농약도 만들고, 그 열매가 보라색으로 익으면 거두어 천연염료로도 이용한다고 하니 얼마나 유용한 들풀인가.

나의 욕심 어린 경박성과 들풀에 대한 증오심으로 인해 한 여름을 허비한 셈이다. 헛고생으로 허탈감마저 느낀다.

가깝게 널려있는 들풀이 알고 보면 귀찮은 잡풀이 아니라 가꾸고 보전해야 할 보물들이 아닌가. 취나 고사리, 산마늘, 도라지는 말할 것도 없지만, 누구나 쳐다보지도 않는 쇠비름, 민들레, 씀바귀, 질경이, 돼지감자 같은 건강 식재료가 얼마든 널브러져 있다.

자연에 관심을 갖다 보면 그만큼 기쁨과 건강이 찾아올 것을 대부분 흘려보내고 있지 않는가.

장닭의 울음소리

밤을 새워 울어대던 개구리가 조용해지면 기다렸다는 듯이 장닭이 새벽을 깨운다. 건넛마을에서 울려오는 개 짖는 소리며 대꾸라도 하듯 목청을 돋우는 이 장닭의 울음소리는 시골 생활을 한껏 정겹게 한다. '꼬끼오' 소리는 새 아침에 생기를 불어 넣는 활력소다. 가까이서 들려오는 저 소리가 오늘은 유난히 힘차게 들린다. 내 집에 입양해온 새 가족의 기상나팔이니 더욱 정겹고 대견스럽기만 하다.

미루어오던 시골 농장의 개집과 닭장이 드디어 준공되었다. 목수까지 동원되었으니 가히 사성 호텔급이라 할까. 이를 본 아들의 친구가 자기 집의 토종닭 세 마리를 잡아다 풀어놓았다. 암탉 두 마리와 수탉 한 마리다.

호사다마라 했던가. 35도를 넘나드는 삼복 찜통더위에 못

견디고 암놈 하나가 기절을 했다. 얼마 후 깨어나긴 했으나 하루를 못 넘기고 영 눈을 감고 말았다. 아깝다기보다 불쌍하다. 그러나 어쩌랴.

문제는 그 사후처리다. 소나무 밑에 묻어 수목장이라도 해줄 것인지, 복중이니 얼결에 보신이라도 해야 할 것인지. 죽은 놈이라 좀 찜찜하기는 하나, 병사한 것은 아니니 오히려 먹어버리는 것이 그놈에 대한 예우일 것도 같아 결단을 내렸다.

시간이 가기 전에 빨리 물을 끓이라고 했다. 난처한 것은 그 다음의 조치다. 어릴 적 충격에 평생 닭고기를 못 먹는 아들은 거들떠보지도 않고, 공주마마 같은 며느리는 그저 물만 끓여다 놓고는 도망친다. 닭을 사다 요리를 잘 해주던 마누라도 팔 걷고 덤벼들 생각을 않으니 이를 어찌 한담. 사령관인 내가 솔선수범하는 수밖에.

펄펄 끓인 물에 튀겨 털만 겨우 뽑았지만 난제는 이제부터가 아닌가. 해부학 학점도 따고 실습도 했을 전문의인 마누라는 구경만 한다. 도리 없이 집도도 백발의 법학교수인 내 몫이 되고 말았다. 어릴 때 견학을 한 체험을 더듬어 처음으로 칼을 잡아본다. 손이 떨리니 식칼을 목 줄기에 올려놓고 망치로 내려친다. 몇 번 시도 끝에 성공을 했으니, 닭다리도 그렇게 잘라냈다.

문득 어머니 생각이 난다. 더위가 찾아들면 한 해도 빠짐없이 닭곰탕을 해주셨다. 기르던 닭을 붙잡아 손수 목을 비틀어 조른다. 튀기고, 배를 갈라, 내장까지 알뜰하게 처리해 아들을 먹였다. 쫄깃쫄깃한 똥집의 그 맛, 오물을 깨끗이 씻어내어 요리했던 창자의 식감을 지금도 잊을 수가 없다.

나는 내장을 몽땅 들어냈다. 몇 개나 달린 알의 노른자마저도 훑어내 버렸으니, 저세상의 어머님이 웃으실까 아니면 역정을 내실까, 궁금해진다.

다음날 나머지 암탉마저 큼직한 알을 하나 낳아놓고 더위를 못 이겨 또 기절해 뻗어버렸다. 어디 더위뿐이랴. 등판의 털이 몽땅 뽑혔으니 얼마나 아팠으랴. 기운이 넘쳐나는 수놈이 때없이 올라타고 쪼아댄 탓이다. 누구를 탓할 일이 아니다. 평균 열 놈쯤 거느려야 직성이 풀린다는데 겨우 두세 마리였으니.

그놈도 이제는 졸지에 홀아비가 되었다. 밤낮없이 울어댄다. 분노의 폭발이요 고독의 절규다.

조용한 농장의 열기를 뒤흔들며 또 울려 퍼진다. 홀아비 장닭의 호소가 한층 더 애절하다.

> 홀아비 된 장닭은 목 놓아 울어대고
> 햇볕은 소리 없이 텃밭을 달구는데
> 처절한 저 매미소리 내 가슴을 태우네.

제 모습 찾으려

백발의 소년은 없다. 그러니 흰머리란 험한 세파를 헤쳐 왔다는 상징일 터, 묘하게도 인생의 중턱을 넘어서면서 나도 희끗희끗 그런 모습을 드러낸다. 반가운 손님일 리 없으나 처음에는 눈에 띄는 대로 뽑아도 보았다. 한없이 뽑아낼 수만은 없으니 심기가 편할 리 없다. 색깔만 변하는 것이 아니라 숱도 옅어지고 힘마저 빠져 가늘고 부드러워지기 마련이다. 참으로 심란한 노릇이다.

한 손에 가시 쥐고 또 한 손에 막대 들고
늙는 길 가시로 막고 오는 백발 막대로 치렸더니
백발이 제 먼저 알고 지름길로 오더라.

– 우탁의 시

옛 시인의 탄식이 가슴에 와 닿는다. 요새는 염색약이 좋아서 흰머리를 보는 괴로움은 쉽게 피할 수 있으니 그나마 다행이라 할지, 나도 그 덕을 보아온 지 여러 해 되었다.

처음에는 염색을 하지 않고 버텼다. 점점 흰 머리칼이 늘어나면서 나 또한 저무는구나 하는 의식이 들 즈음엔 흰 머리가 미워졌다. 염색을 하는 짓이 혹 몸에 나쁘진 않을까 걱정도 되어 망설였다. 아내의 강권에 그 청도 못 들어주랴 싶어 물을 들이기 시작했다. 거울을 보니 한결 젊어 보이고 기운이 솟는 듯했다. 처음엔 그랬다.

얼마 뒤 내 모습을 들여다보니, 머리는 사십대인데 얼굴에는 흑산도가 무리를 지어 깔려있으니 이 또한 어울리지 않는다. 하는 수 없이 얼굴에도 손을 댔다. 훨씬 젊어 보인다.

젊게 보이려는 노력은 주위 사람들에 대한 예의이기도 하다. 넓은 의미의 화장이라 해도 좋으리. 그러니 젊음과 아름다움을 추구하는 심리에 선악의 잣대를 들이댈 것은 아니라고 스스로 변명까지 해본다.

그런데 언제부터인가 젊어 보인다는 말도 별로 달갑지 않은 게 아닌가. 지하철을 타면 경로석을 기웃거린다. 자리를 내어주면 사양하기는커녕 고맙다며 뻔뻔스레 털썩 주저앉는다. 요즘에는 등산모를 깊숙이 눌러 써도 벌떡 일어나며 앉으라고 권하는 이가 많아지니 그저 고맙다고 할지 서글퍼지기까지 한다.

염색을 하고 거울 앞에 서도 어쩐지 어색하다. 깊어지는 주름을 염색으로 메울 수는 없지 않은가. 자기를 속이는 것도 한계가 있다. 체력이 뒷받침하는 범위 안에서 용납이 되어야지. 스스로 속다 보면 옛 생각만 하고 푼수 없이 무리수를 두게 되니 이를 어쩐다.

물을 들여 젊은 체하지 말고 차라리 현실을 정직하게 인정하고 순리대로 받아들이는 것이 옳지 않은가. 어차피 가는 길인 것을.

생각을 바꾸니 유난히 반짝이는 여인의 백발이 더없이 곱다. 나보다도 흰 머리가 많은 후배의 웃는 모습이 떠오른다. 얼마나 건강하고 당당하던가. 늦둥이인 나는 아버지의 검은 머리를 본 적이 없다. 나도 본래의 나로 돌아가자.

'막대로 치렸더니 지름길로 오더라'고
새삼스레 뻔한 일에 호들갑 떤다지만
어느새 나도 놀라기 생각인들 했으랴.

희끗희끗 어색해 물감으로 속이려다
주름이 깊어지니 그마저 상스러워
옳거니, 옛 어른 따라 제 모습 찾으렷다.

줄줄이 매달고

언제부터인가 일상에 쓰이는 자질구레한 것들을 줄줄이 매달고 다닌다. 열쇠꾸러미는 오른쪽 바지 뒷주머니 가까이 혁대에, 신용카드가 들어 있는 지갑은 오른쪽 주머니 위의 바지 고리에, 경로우대 지하철카드는 목에다 건다. 뿐인가, 목에 안경까지 걸자니 거추장스럽기도 하다. 그러니 어쩌랴. 손에서 놓기만 하면 빠트리거나 잃어버리는 상습범이 되었으니.

요새는 아끼는 명아주지팡이는 모셔두고 허름한 등산용 지팡이를 애용한다. 등산용 지팡이는 혹 잃어버려도 아까울 게 없어서이기도 하지만, 손잡이에 붙은 끈을 쉽게 손목에 매달 수 있기 때문이다.

줄줄이 매달고 다니느라 요즘 내 신세가 마누라는 없어도 끈 없이는 못살 판이 아닌가. 아니, 매달고 사는 것이 아니라 줄에 내 삶이 매달린 꼴이니 목매인 여생(餘生)이라고나 할까.

어제는 어찌나 놀랐는지 십년은 감수한 것 같다. 여주 아들의 표고농장에 갔다가 오는 중이었다. 시내버스에서 내려 서울행 고속버스로 바꿔 탄 뒤 전화를 걸려니 웬걸, 핸드폰이 없지 않은가. 주머니란 주머니, 가방 구석구석을 뒤져도 없다. 앞이 캄캄해졌다.

하는 수 없이 게임에 열중한 옆 자리의 젊은이에게 사정을 했다.

"미안합니다. 핸드폰을 잃어버렸는데, 전화 한 통화만 할 수 있을까요?"

딱하다는 눈빛으로 물끄러미 쳐다보더니 내뱉듯이 대꾸를 한다.

"전화번호가 몇 번이에요."

단축키만 쓰다 보니 아들 번호도 마누라 번호도 기억이 나지 않는다. 오직 하나, 오랫동안 사용한 집 전화뿐.

"02- 573-81○○."

신호음이 들리자 핸드폰을 넘겨준다.

"고맙습니다."

혹시 집사람이 외출이라도 했다면 어떻게 하나 했는데 운이 좋았다. 전화를 받는다. 그런데 집사람의 한마디에 위기상황이 풀렸다. 순간 온몸의 힘이 쭉 빠지는 듯했다.

조금 전에 아들한테서 전화가 왔단다. 잠시 외출했다 돌아와 내가 보이지 않으니 관리동 앞에서 내게 전화를 걸었는데, 뜻밖에 길가 돌 위에서 신호음이 울리더란다. 참으로 운수 좋은 날이 아닐 수 없다.

생각해보니 쑥을 뜯을 때였다. 언제 오느냐고 마누라로부터 걸려온 전화를 받은 것이.

"조금만 더 뜯으면 출발해요."

통화를 끝내고는 전화기를 잘 보이는 돌 위에 올려놓고, 두 손으로 서둘러 쑥 뜯기를 계속한 게 해프닝의 시작이었을 줄이야.

금방 한 묶음의 쑥을 뜯었다. 그러나 아뿔싸, 급한 마음에 쑥만 챙기고, 돌 위에 핸드폰을 올려놓은 사실조차도 까마득히 잊었으니….

참으로 한심한 주의력이다. 이젠 핸드폰도 뒷주머니 고리에 매달아야 할 것 같다. 아직 왼쪽 바지 주머니 위에 혁대 고리가 하나 비어있으니.

며칠 전 뉴스가 떠오른다. 젊은이가 택시에 놓고 내린 핸드폰을 악덕기사가 30만원에 팔아먹었다 들통이 났다. 점유

이탈물 횡령죄는 보통 벌금형으로 다스렸는데, 이번에는 죄질이 나빠 징역형으로 가중 처벌했다는 내용이다. 그러한 범죄예방차원에서라도 누가 고리가 달린 핸드폰 케이스를 개발해줄 수는 없을까.

쓴웃음이 저절로 나온다. 아직도 무엇을 더 매달 게 있다고…. 줄을 놓을 때가 다가왔는데 여전히 무언가를 매달 궁리를 하고 있으니.

매달 것을 줄이고, 마음을 비워가야지….

청마를 보내며

문단의 원로에게 수필 강좌를 들은 적이 있다. 마침 연말이었는데 '나의 10대뉴스'를 적어보라는 숙제를 받았다. 달력을 뒤적여 보았으나 그 기록이 하도 부실했기에 새해부터는 일기를 꼭 쓰기로 다짐했다. 그러나 작심삼일이라 했던가, 일기는 고사하고 연기(年記)도 못 적고 해를 보냈다. 사라져가는 청마의 뒷모습을 바라보자니 올해는 연기라도 빼먹지 말아야겠다는 생각이 든다.

갑오년은 벽두부터 수난의 연속이다. 일월 하순에 심한 목감기로 일주일쯤 꼼짝 못하고 누웠었다. 그러니 평소의 변비가 더 심해져 화장실을 들락거리며 몸부림을 쳤다. 하도 괴로워서 항문 옆에 뭉쳐있는 덩어리를 왼손 가운뎃손가락으로 힘껏 눌러댔다. 그 순간 '툭' 소리가 난다. 손가락 끝마디가

'ㄱ' 자로 꺾였다. 2월 4일 접합수술을 받았으나 일 년이 지나도 제 모습으로 돌아오지를 않는다.

골프채를 잡을 수 없으니 상자회의 골프모임에 참여하지 못하게 됐다. 손가락 하나를 못 쓰니 컴퓨터 자판도 흐트러질 수밖에….

팔순을 넘긴 자신의 몸 상태를 인식하지 못하고 오기를 부린 미련의 소치다. 소 잃고 외양간 고치는 우를 되풀이 한다.

정초부터 아침에 걸으려면 숨이 차서 막연하게 나날이 몸이 망가진다고만 생각했다. 4월 14일 정기적으로 해온 핵의학 검사를 하니 심장의 상태가 나빠졌다. 관상동맥에 스텐트 두 개를 넣어야 했다. 십여 년을 미루어온 시술이 잘되어 몸도 마음도 가뿐하다.

5월 14일부터 주치의의 권고에 따라 심장 재활운동을 삼 개월간 열심히 했다. 너무 힘이 들어 재활 프로그램은 사양하고, 인근의 체련장에서 매일 적절한 강도의 운동을 했다. 생활 습관이 바뀌니 변비마저도 해결되지 않는가. 열심히 걸어야 살고 눕는 날이면 끝장이란다.

6월 17일 시대시동인들의 유월 나들이를 장남이 운영하는 '여내울표고농장' 방문으로 정했다. 점심은 도전리 '아리솔'에서 대접하고, 신륵사에 들렀다가 농장으로 갔다. 아직 버섯이

나오지 않아 송암정(松巖亭) 자랑으로 그쳤다.

9월 13일 송천서회에서 다시 붓을 잡았다. 문인화를 배우려 시도한 것이 서예로 방향전환을 하고 말았다. 마부작침(磨斧作針)의 자세로 마지막 도전을 한다. 사전오기의 용단이다. 미수전을 대비하자고 생각하니 꿈만은 야무지다.

9월 16일 수필집 『어차피 가는 길을』의 발송 작업을 마쳤다. 이번엔 주요 도서관 50군데를 골라 기증을 했다. 영구보존을 해주리라는 기대를 하고.

9월 22일에 사월애 모임을 '아리솔'에서 열었다. 여주 농장에 들렀으나 그때까지도 버섯이 돋아나오지 않아 아쉬웠다.

10월 17일 금요문학회의 회식자리에서 내 책의 출판기념 깜짝쇼가 벌어졌다. 문우들의 따듯한 마음씨와 재치에 감사와 찬탄을 금할 수 없다. 돌발 사건이었으나 덕분에 수필 두 편을 건졌다.

10월 들어 기온이 내려가니 고대하던 표고버섯이 나오기 시작했다. 양질의 표고를 착한 값에 출하할 수 있어서 보람을 느꼈다. 친지들의 협조와 호평에 장남도 힘을 얻는다.

11월 27일 위장내시경 검사를 했다. 대변에 피가 섞였다고 정밀검사를 하라는 바람에 강북 삼성병원으로 갔다. 결과가 깨끗해서 다행이다. 몇 년은 암의 공포로부터 벗어날 듯

싶다.

세월호 참사로 온 나라가 들끓은 한 해가 저문다. 나의 칠푼이 삶도 아쉬움만 남긴 채 청마를 보내고, 또다시 푸른 양에게나 기대를 걸어본다. 노을 녘을 달궈보려고.

푸른 양(을미)의 소망

먹구름 뒤덮이고 거센 바람 몰아쳐도
돌아보는 말에는 온갖 시름 드날려
새 날의 그 꿈 부풀면 거칠 것이 없어라.

끔찍한 일들 쌓여 아옹다옹 다퉜어도
뭉치는 양을 따라 너나없이 힘 보태니
바라는 큰 뜻 다가와 누리를 이끌리라.

해보았어

나는 재수생이었다. 낙방의 쓴맛도 보았고 성취의 기쁨도 맛보았다. 1년이란 시간을 허비한 셈이지만, 하면 된다는 나 나름의 철학을 일찍이 체득했다.

서울농대에 가라는 담임선생님의 권유를 뿌리치고 서울법대를 지망하는 무모한 도전을 했다. 결과는 뻔했다. 시골의 신설 농업중학교 제2회 신입생으로 입학했으니 수업이 제대로 될 리가 없다. 교과목도 농업과목이 대부분이며, 실습지에서 농작물 가꾸기에 땀을 흘렸다. 국, 영, 수 과목은 별로 배운 것이 없다. 독일어는 시간표에도 없었다.

농대 진학을 포기한 것은 6·25사변 탓이기도 했다. 중학교 5학년 때였다. 중공군의 개입으로 다시 밀리게 되자 18세 이상의 장정은 모두 제2국민병으로 징집을 당했다. 12월의 추운 날씨에 여주에서 경산까지 걸어갔다. 그곳에서 방위장교 모집에 응모해 3개월의 단기사관훈련을 받을 때다. 훈련기간 중에도 경리장교, 공병장교, 헌병장교 등으로 뽑혀 가는데 농업학교 출신은 찾지를 않는다. 이때의 좌절감이라니. 내가 대학에 진학할 때는 절대로 농과를 택하지 않으리라 결심을 했다. 군대란 특수사회와 다양한 일반사회를 동일시하는 오류를 범했던 것이다.

해가 바뀌자 국민방위군이 해체되는 사태가 벌어진다. 방위소위가 되어 집으로 돌아와 다시 학교로 갔다. 학제가 변경되어 여주농업고등학교 제1회 졸업생으로 교문을 나섰다. 법대 수험과목 중 수학과 독일어를 백지로 내고 합격할 리가 없다. 각오한 결과다. 스스로 고집한 쓴 잔이다.

현역징집을 연기하려고 서울농대 부설 중등교사양성소에 입학을 했다. 교과목도 농업과목에 농장실습이니 입학시험에는 도움이 안 됐다. 방과 후와 방학을 이용해 수학과 독일어 준비에 전력을 기울였다.

정신일도하사불성(精神一到何事不成)이라 했던가. 막다른 골목에 죽기 살기로 덤비니 그 어렵던 수학도 이해가 된다. 전쟁 때였으니 책도 별로 없고, 입시학원도 없다. 해설 참고서 한 권에 매달려 미적분을 배웠다. 독일어도 장하구의 교재

1, 2권을 참고서와 사전에 의지해 독파를 했다. 지금 되돌아 보아도 참으로 기가 찬 일이다. 그렇게 능률이 오를 수가 있다니.

드디어 결전의 날이다. 수학에서 미적분 응용문제를 풀었다. 독일어도 번역 문제를 잘 처리했다. Bibel이 영어의 성경(bible)이겠거니 추측했다. 성경이 나왔기에 주어를 목사로 번역하니 문장을 적당히 엮어낼 수 있었다. 운칠기삼(運七技三)의 행운이다.

하늘은 스스로 돕는 자를 돕는다고 했다. 뜻이 있는 곳에 길이 있다고도 했던가. 심상사성(心想事成)이란 말이 헛말은 아니다. "해봤어?" 했다는 정주영 회장의 일화가 떠오른다. 나는 해보았다.

학지의 추억

우리는 전쟁의 참화 속에서 대학을 다녔다. 1953년에 입학을 해서 1957년(丁酉)에 졸업을 했다. 초등학교 시절에 태평양전쟁이 일어났고, 일제로부터의 해방을 맞았으나 얼마 안가서 6·25의 한국전쟁을 겪어야 했다. 다시 4·19혁명, 5·16쿠데타, 10·26사태, 12·12사태, 5·18민주화운동 등 격랑 속에서 살아왔고, 그것도 모자라 대통령의 탄핵정국을 또다시 겪고 있다. 그러나 미수를 바라보는 처지가 되고 보니 지난날의 숱한 일들이 아름답고 소중한 추억으로 되살아난다.

부산의 피난학교에 입학하여 그해 가을에 동숭동 캠퍼스로 올라왔다. 어려운 시절이었으니 대학 시절의 낭만이란 실감이 나지 않았다. 동기생들이 함께 즐긴 기억이라곤 별로 없다. 3학년 때 세검정으로 갔던 야유회 기념사진이 한 장 남아 있다. 몇 해 전 반백이 되어서야 부여 관광을 단체로 갔을 뿐이다.

그동안에 남긴 가장 의미 있는 일이라면 입학50주년기념행사로 모교를 방문한 일이다. 그리고 대부분의 동문들이 회갑을 맞는 1994년에 수상집 학지(鶴志)를 발간한 것이니 우리들의 감회와 활약상을 일목요연하게 묶어놓았다.

학은 서울대학교를 상징하는 새이고, 지(志) 자는 풀어보면 십(十), 일(一)과 마음심(心)으로 이루어졌다. 즉, 서울법대의 11회 동문의 마음을 모은다는 뜻에서 학지(鶴志)가 태어났다.

47편의 글과 48명의 사진이 실려 있다. 주옥같은 글들이 우리들의 우정을 뜨겁게 달구고 청운의 꿈을 부풀려준다. 정겨운 얼굴들이 잠자던 옛이야기를 되살려준다.

열하고 하나의 학 무리로 뜻 모으니
그 삶은 활기차고 그 모습 아름다워
뚜렷이 남긴 발자국 길이길이 빛나리.

학지를 펼치다보니 문뜩 새로운 욕심이 솟구친다. 올해는 정유년에 졸업한 우리 학지들이 회갑을 맞은 셈이다. 졸업 60주년 기념수상집을 엮어내고 싶다. 이름은 '추억의 메아리'라 지어주면 어떨까.

이제는 반도 넘는 수의 분들이 유명을 달리했으니 안타깝기 이를 데 없다. 혹여나 병상에서 투병하기에 추억을 되살릴 기력조차 없는 딱한 분이라도 있을까 걱정스럽기도 하다. 길은 있다. 굳이 오늘의 창작품이 아니라도 좋다. 지난날 발표했던 글, 주고받았던 편지인들 어떠랴. 화가로, 서예가로 거듭난 분이라면 그 작품도 좋다.

내 마음 우리의 외침을 묶어놓으면 그 메아리 멀리멀리 오래오래 울려 퍼질지니….

3.

마음을 열고

6 · 25의 이변

연말이 되면 연예인들의 시상 잔치가 벌어지곤 한다. 호기심에 함께 웃고 즐기기는 했지만 나와는 먼 세상의 이벤트니 그 의미를 실감하지 못했다. 그러나 누구든 겪어보면 단순한 흥행 놀음으로 흘려버릴 수는 없을 게다.

6 · 25가 돌아오면 날이 갈수록 감회가 새로워진다. 내가 점점 쇠약해지는 탓일까. 특히 금년의 6 · 25는 더욱 잊을 수 없는 감격의 날이다.

나는 중학생 시절에 열심히 교회를 다녔다. 신학대학을 다니는 이종사촌 형님을 부러워하며 따랐다. 그러니 6 · 25전쟁이 나지 않았더라면 목사가 되었을 것이다. 서울이 수복되고 중공군이 개입하여 후퇴를 하게 되자 국민방위군으로 징집되어 방위사관학교를 갔다. 방위소위가 된 덕에 그 후 법학교수로서 한평생을 보내게 되었다.

그 6·25의 날에 또 큰 일이 터졌다. 내가 상을 받고 수상소감을 말하는 주인공이 될 줄이야….

월산재단으로부터 수상통보를 받고, 6월 25일 아침 보내준 차를 타고 가보니 성락교회의 세계선교센터가 행사장이다. 오후 2시, 드디어 월산문학상 시상식이다.

밝은 조명을 받으며 높은 단상에 오르니 연예대상이라도 받는 듯 가슴이 벅차오른다.

"감사합니다. 가슴이 터질듯이 행복합니다. 기쁘기 이를 데 없습니다."며 인사말을 이어갔다.

"솔직히 제 심정을 말씀드리면, 저는 금년에는 고향에 내려가서 농막이나 짓고 조용히 살아갈 계획을 세웠습니다. 그런데 오늘 뜻밖의 큰 복이 제게 터졌습니다. 생각이 바뀌었습니다. 월산 김기동 선생은 78년 전 6월 25일에 이 땅에 태어났는데, 해암 이범찬은 2016년 6월 25일 이 자리에서 새로 태어났습니다. 시골 내려가 편히 살라고 큰 상을 준 것은 아닙니다. 저는 여러분 앞에서 새로운 다짐을 하겠습니다.

심기일전, 마음을 가다듬고, 월산 선생의 깊은 뜻과 치열한 문학정신을 받들어 기운이 다하도록 창작활동에 남은 열정을 쏟겠습니다. 이 나라 문단 발전에 조금이라도 기여하려고 노력하겠습니다.

시바다 도요 할머니는 92세에 시 쓰기를 시작하였는데, 나는 그 할머니보다 20년이나 일찍 문단에 발을 들여놓았으니, 기죽지 말고 열심히 뛰겠습니다. 감사합니다."

6월 25일은 이렇게 잘 보냈는데, 그 다음이 문제다. 상패와 꽃다발은 탁자 위에서 빛나는데, 궁금했던 상금은 보이지 않으니….

마누라는 권사 체면에 교회에 특별헌금도 내고 교우들에게 자랑도 하겠다니 어쩌랴.

"나는 교인도 아니고, 문학상의 상금과 헌금이 무슨 상관있어요? 상금은 생각하지도 마. 소소리사에 주기로 했어요."

나는 그동안의 경위를 설명했다. 며칠 전에 메일이 날아왔는데, 모두들 문학상 공모에 응해보라고… 내게 무슨 상이 떨어지랴 싶었지만, 시상식 구경이나 가볼 생각이었는데 공짜구경이니 어차피 가는 길에 밥값 대신 내 책이라도 보내주고 싶었다. 내 이름으로 응모하기는 그렇고, 출판사에서 추천하는 것이 좋을 듯했다. 소소리사에서 기일 내에 우송해주되, 그 대신 만약 상금을 받게 된다면 소소리사에 내놓겠다고 우

사장 앞에 큰소리를 쳤다. 그런데, 그 1%의 기대가능성이 실현될 줄이야….

아내는 자기 의견은 묻지도 않고, 소소리만 제일이냐고 반발하니 설득이 쉽지를 않다. 물론 우 사장도, 농담이었지 무슨 소리냐고 펄쩍 뛰지만, 장부의 일언은 중천금이라 했다.

궁리 끝에, 약속은 이행하되, 그 대신 내 수필 선집을 내어주면 어떻겠느냐고 제안을 했다. 그거 좋다며 시 선집까지 내어주겠노라 쾌락을 하는 게 아닌가. 마누라도 이해를 한다. 서로가 명분 있는 윈윈이며, 선순환의 화합과 협력이 아닌가.

남은 과제는 단상에서 한 약속이다. 하객의 뜨겁던 박수와 호응을 잊지 말자. 시인은 밥이 넘어가는 한, 말을 토해내야 하나 보다. 신발 끈을 조이고 힘껏 달려보련다.

7관왕의 꿈

올해도 식전에 참석해달라는 초청장을 보내왔다. 멀리서나마 오늘 원종린수필문학상을 받는 수상자 여러분에게 마음의 꽃다발을 보내고, 문학상 운영을 위해 애쓰시는 위원회 여러분의 노고에 대해서도 위로와 감사의 뜻을 올리고 싶다.

나는 4년 전에 작품상을 받았지만 그 후 한 번도 시상식에 참석을 못했다. 부끄럽고 죄송스럽기 이를 데 없다. 더 늦기 전에 내려가 사과라도 하리라 생각했지만, 버스를 몇 번씩 갈아타고 지팡이 짚고 뒤뚱거리며 찾아 가려니 아무리 생각해도 무리다 싶어 또 포기하고 말았다.

돌아가신 원종린 선생님은 나의 영원한 롤 모델이다. '수필문학사' 행사 때마다 올라오셔서 구수한 덕담을 해주시던 그 모습이 지금도 눈에 선하다.

나는 2005년에 등단한 늦깎이 수필가다. 등단한 그달에 시드니에서 열린 문학행사에 따라나섰다. 시드니수필문학회 문우들 앞에서, '최근'의 등단작가요, '최단기' 천료(2회)에 '최고령(73세)'의 신인이란 뜻에서 "저는 3관왕의 수필가입니다."라고 자기소개를 했다.

원종린 선생님은 그 이야기가 실린 내 수필집 『늙마의 외도』를 읽고 문학성 짙은 좋은 작품이라고 칭찬하시며 '4관왕의 수필가'로 추대한다는 글까지 보내주셨다. 그런데 뜻밖에도 그 『늙마의 외도』로 원종린수필문학상(제8회 작품상)을 받았으니 5관왕이 된 셈인데, 금년 6월에는 『어차피 가는 길을』로 월산문학상(제6회)을 받았다. 드디어 6관왕의 수필가로 등극하였노라 원종린 선생님의 영전에 자랑도 하며 삼가 감사의 뜻을 올린다.

부디 오늘 수상하는 여러분이 초심을 잃지 말고 더욱 분발하여 수필문학의 발전에 밑거름이 되어주기를 바라는 마음 간절하다. 나는 10년 후에는 본상을 받을 자격이 구비되니 7관왕의 수필가가 되는 꿈이라도 꾸어볼까.

일본의 시바다 도요 할머니는 92세에 시 쓰기를 시작하여 98세에 처녀작 시집 『약해지지 마』(구지께나이데)를 출간했다.

그 해에 100만부를 돌파하자 일본 열도가 발칵 뒤집히기도 했다. 나는 그 할머니보다 20년이나 일찍 글쓰기를 시작했고, 오늘의 수상자들은 수십 년이나 앞섰을 것이니 기죽지 말고 분발하자고 외쳐보고 싶다. 원종린 선생님의 치열한 문학정신을 본받아 마음을 가다듬고 신발 끈을 다시 조이기로 다짐하자고.

깜짝 쇼

어떤 분야든 동호인들의 모임이 많다. 늙마에 문단에 발을 들여놓아 외롭기는 했지만 다행스럽게 친한 문우의 권유로 한 문학회에 들어갔다. 몇 번 동인지도 나왔으니 양성형 동아리모임인 셈이다. 그러나 내가 더 의미를 부여하는 모임은 음성형이다. 세상에 드러내 놓지 않은 '사월애' 모임은 수필을 공부하는 팀이고, '금요문학회'의 뜻은 '문학의 집 · 서울'의 행사를 돕자는데 있다.

매월 셋째 금요일 6시에는 작고문인을 재조명해 보는 '음악이 있는 문학마당'이 열린다. 그 자리에 참석한 후 저녁을 함께 나누고 헤어지곤 한다. 작품 준비의 부담이 없으니 내게는 안성맞춤이라고나 할까.

오늘은 153회, 조태일 시인을 돌아보는 날이다. 약속을 했으니 어쩌랴. 일교차가 심하고, 다리도 무거워 쉬고 싶었으나 지팡이를 짚고 남산 길을 올랐다.

'금요문학회 만남이 이번 주로 다가왔습니다. 날씨는 좀 쌀쌀해졌지만 더욱 선명해진 가을… 문학의 집에서 만나 보세요~' 상냥한 '김미녀' 총무의 문자 메시지가 핸드폰에 뜨자 참석하마고 덜컥 회답을 한 것이 후회스럽기도 했다.

'고맙습니다. 나가보아야지요. 미녀들을 만나는데…. 범찬 드림.'

'ㅎㅎ 선생님 얼떨결에 저도 그 그룹에 끼었네요. 금요일에 뵙겠습니다.'

'미녀야 본래부터 미녀인 걸….'

'그건 그렇죠. 태어나면서부터요. 선생님 행복한 하루 보내세요~ 예쁘게 봐주셔서 감사합니당^^'

행사를 마치고 보니 참석자는 겨우 다섯 사람뿐이다. 반수도 안 되는데 이희자 회원까지 회식 자리에는 못 올 사정이라니 맥이 풀릴 판이다.

민아리 회원을 따라 자주 이용하는 중국집 '동방명주'로 갔다. 구석진 원탁에 자리를 잡았다. 총무와 이정원 회원은 좀 늦게 들어오더니 자그마한 케이크를 내민다. 그리고는 느닷

없이 붉은 장미 한 송이를 건넨다. 『어차피 가는 길을』의 출판기념회를 한다나.

케이크에 촛불도 꽂고, 꽃을 든 나를 중심으로 사진도 찍는다. 총무의 제안에 따라 '노을녘의 오솔길' 끝부분을 읽으며 함께 음미하잔다.

> 반세기란 세월을 훌쩍 넘어 넓은 포장도로로 나서서 앞만 보고 질주해온 인생이다. 무엇을 위해서 그렇게 달려왔나 싶어 돌이켜 보니 노을 녘에 와서야 문학이라는 오솔길로 들어서게 되었고, 만추의 정취를 또한 만끽하고 있다. 숲의 네 계절은 어김없이 되풀이되건만 그 속에서 만나고 헤어진 사람들은 각양각색이다. 나라고 어찌 선배에 대한 서운함, 동기생의 배신감, 후배에 대한 애증 따위 여러 감정의 앙금이 없을 수 있으랴마는, 많은 동문들의 사랑과 협조 속에 무사히 오늘에 이르고 있다. 감사하는 마음으로 내일을 맞이한다.
>
> 오솔길에 들어서니 지나온 발자취가 한결같이 아름다운 추억이 되어 노을의 서늘함으로 승화되는 것 같다. 이제는 마음을 비워가며 여유로운 걸음으로 느림의 미학을 즐기고 싶다. 나만의 노을 녘 노래를 가락으로 흥얼거리면서 구불구불 휘어진 숲길을 따라가 보고자 한다.

이정원 회원의 낭랑한 목소리가 그치자, 듣고만 있던 김원

호 회원이 저녁은 자기가 쏘겠다고 나서며 분위기를 한층 더 흥겹게 띄운다. 미녀 삼총사가 들으라는 '조태일의 시세계'는 흘려버리고 긴급 모의한 깜짝 쇼는 이렇게 벌어졌던 것이다.

며칠 전엔 문학의 집에서 일죽(一竹) 선생이 희수 잔치를 겸한 수필집 『빗소리·바람소리·숨소리』의 출판기념회를 성대하게 펼쳤었다. 무척 부러웠다. 그렇다고 그 큰 잔치와 얼결에 벌어진 나의 미니출판기념회를 굳이 비교해 어쩐단 말인가. 조촐한 깜짝 파티라고 어찌 축하하는 마음이야 작았으랴.

어떻든 다섯이 둘러앉아 벌인 잔치가 이렇게도 즐겁고 재미있다니, 그 고마움을 잊을 길 없다. 다음 달 모임에서는 내가 한 상 쏘고, 한 가락 노래도 부쳐 오늘의 즐거움을 되살려보고 싶다.

'어차피 가는 길을' 스스로 즐기려고
다섯 식솔 둘러 앉아 손에 손을 잡으니
노을이 무척 서늘해 온갖 시름 날리네.

푸짐한 잔칫상에 붉은 장미 한 송이
떡판에 꽂은 촛불 가슴을 다 녹이니
이 밤에 넘치는 정은 가을 녘을 달구네.

꼬마 출정식

소한의 강추위도 가고 토요일의 포근한 아침이다. 인사동으로 인파를 헤치며 골목길을 들어섰다. 작년엔 할아버지의 희수 기념 글 잔치, 올해는 그 손자 풋내기 화가의 그림 잔치라니 대견스럽기도 해서 그 할아비의 얼굴을 떠올리며 계단을 올라섰다.

전시실이 좁기도 했지만 수십 점의 그림이 닥지닥지 붙었고 하객도 붐벼 움직일 수조차 없다. 그림에 문외한인 내게는 유화들이 그저 울긋불긋 화려하기만 하다. 진경산수화나 좋아했지 이렇게 추상적인 그림들은 역시 어렵게만 보였다. 하지만 초입에 붙어있는 얼굴 그림은 친근감이 간다.

한 바퀴 둘러보는데 앳된 학생이 인사를 한다. "네가 태석이냐?" 하니 그렇단다. 그 할아비의 손자가 아니라 할까봐 모습이 똑 닮았다. 그 순간 들어오면서 본 그림의 인상과 주인공의 얼굴이 딱 들어맞지 않은가. 그렇다. 저 그림은 바로 자화상이구나. 가까이 다가가서 작품명을 들여다보니 아니나 다를까 제목이 '자화상'이다.

문뜩 내 수필집 『어차피 가는 길을』의 머리글 '일그러진 자화상'이 떠오른다.

> 언젠가 시화전을 보러 갔다. 문인들이 자기 얼굴을 그렸다. 나도 한 번 그려보려 했다. 그러나 그림을 배운 적이 없어 정물화나 사생화도 아니고 자신의 얼굴을 그리기란 여간 어렵지 않았다. 일찌감치 포기를 하고 글로나 내 모습을 그려보기로 했다. 밖으로 보이는 것, 안으로 숨어들어 내놓기에도 부끄러운 내 삶의 조각들을 모으면 일그러진 모습이 엉성하게나마 엮어지지 않을까 생각했다.

나는 자화상을 그렸어도 그렇게 일그러진 모습이나마 제대로 표현하지 못했는데, 고등학생이 자신의 인상을 저렇게도 잘 그려내다니….

머지않아 파리로 그림공부를 떠난다는데 서둘러 갈만하다. 하객들의 축사와 덕담을 들어보니, 이번 전시는 졸업작품전이요 길고 험한 여로의 출정기념 전시가 아닌가. 할아버지의 극성스런 사랑과 자기그림을 그리도록 지도한 스승의 정성과 본인의 열정이 엮어낸 창작품들이다.

그림도 자기 손으로, 전시회의 기획도 혼자서, 안내 팜플릿까지도 자신이 준비했다니, 이만하면 약관의 장수는 출정 준비가 완벽하지 않을까. '끝없는 여행의 시작'이란 전시회 제목이 이를 증명하고도 남는다.

할아버지는 글로 '빗소리 · 바람소리 · 숨소리'를 읊었지만 손자는 그에 보태 파도소리, 천둥소리까지도 화폭에 담아내라고 당부를 하고 싶다. 금의환향하는 그날 열릴 전시장에서는 보다 성숙한 모습의 자화상도 보고 싶다. 그가 시작하는 긴 여로에 시조 한 수 들려 보낸다.

꼬마화가의 자화상
- 오태석군

어서 오라 반기는 초입의 저 그림은
긴 여정 시작하는 약관의 당찬 모습
푸른 꿈 물감에 튕겨 금의환향할지니.

꿈속의 집

고향을 떠올리기만 하면 즐겁고 포근한 분위기로 끌려들어 마음도 풀리고 편안해진다. '고향의 봄'은 언제 들어도 즐겁다.

나는 어린 시절 여주읍 갑동에서 자랐다. 솔밭이 울창한 뒷동산 기슭의 자그만 마을이다. 내가 태어난 그 집은 많은 추억의 원천이자 그리움의 구심점이다.

안채를 중심으로 사랑방, 건넛방, 헛간과 외양간, 광이 둘러앉은 널찍한 초가집이었지. 굴뚝 뒤에는 큰 배나무가 있었다. 비바람이 불면 아침 일찍 뛰어나가 땅에 떨어진 배를 주워서 허기를 채웠다. 뒷밭 울타리에는 큰 대추나무가 있어 채 붉기도 전에 장대질을 하던 일이 아련히 떠오른다.

몇 해 전 문득 그 집이 생각나서 찾아가 보았다. 찾을 수가 없었다. 십년이면 강산도 변한다는데 몇 번을 변했을 세월이고 보니, 참으로 허무했다. 마을 전체가 49번지였으니 집도 골목길도 없어져 위치조차 분간할 수 없지 않은가.

허전한 마음에 젊은 날 살던 부암동을 찾아가 보았다. 그 시절의 추억이라도 되살려볼 셈으로. 지번이 각각 다르니 꼬불꼬불 길은 남아 있다. 인왕산 성 밑을 찾았다. 포장이 되고 붉은 벽돌집이 들어섰다. 소나무 두 그루가 제법 크고 화초가 가득 찼다. 시멘트 벽돌로 지은 18평 후생주택이었으나 앞뜰이 널찍했는데, 큰 집이 들어앉고 보니 오히려 답답하다. 총각 시절에 마련해, 신혼생활을 하며 성종과 영종을 낳은 집이니 잊을 수가 없다.

무너진 성벽을 타고 조석으로 인왕산을 오르내렸다. 그런데 성벽이 보수되고 성 너머에는 윤동주문학관, 시인의 언덕, 시비 공원이 개발되어 그 집과 산은 완전히 차단이 되었다. 그 집이 개발 확장되어 옛 추억의 실타래를 흩트려 놓은 것이나 비슷하게, 인왕산의 추억마저 추방된 셈이다.

옛사람의 초가삼간이 보존되고, 집이 무너진 자리에 표지석이라도 꽂아놓는 뜻을 이제야 짐작하겠다.

살아온 흔적들이 없어졌으니 이제부터라도 삶의 자국을 남겨두고 싶어진다. 그렇다고 쌍암고택, 석정고택이나 추사고택을 동경한들 어쩔 것인가. 내 가까이에서 찾아보자니 얼른 떠오르는 작가의 그 집이 있지 않은가.

옛 궁궐의 담장을 사이에 두고 그 우거진 숲의 향기와 청량한 바람을 때 없이 즐길 수 있으니 더 없이 쾌적하고 안성맞춤이다. 그분들은 그 '오두막'에서 텃밭 가꾸기에 세월 가는 줄 모른다. 구혼의 새살림에 깨가 쏟아지니, 이미 오래전에 예정된 작가의 인연이요, 준비된 보금자리가 아닌가싶다.

내외분의 풀꽃자랑과 텃밭타령을 듣노라면 나도 흉내를 내보자는 생각이 절로 난다.

부러워하다가 그 집 가까이에 나도 덩달아 조용한 구옥이라도 한 채 장만해 볼까도 했으나, 쉽지를 않았다. 차라리 고향에 가서 옛 꿈을 살리는 것이 더 쉽고 뜻이 있을 것 같았다.

그 눈치를 챈 딸이 자그마한 집터를 하나 마련해주었다. 부암동 옛집 정도의 땅이니 이만하면 족하다. 배나무도 대추나무도 심는다. 아내가 좋아하는 큰 소나무도 한 그루 옮겨다 놓고, 그 아래 내가 좋아하는 바위를 앉히고 싶다. 그 작가의 문패를 패러디하여, '해암(海巖)과 자향(慈香)의 농막'이란 팻말도 달아두어야지. 그 글자들이 퇴색할 무렵 해암의 백수 생일잔치라도 열어 묻어나는 삶의 때와 향기를 함께 나눌 수 있다면….

꿈에 그리는 집을 짓고 삶의 무게를 풍기는 작가의 집을 새삼 꿈꿔본다.

새로 맞은 반려자

"제발 그 싸구려 가방 좀 바꿔요. 세탁 한 번 안하고 십년도 넘게 메고 다니니, 궁상맞게. 내가 좋은 것 하나 사줄게…."

"무슨 소리, 가볍고 편리하면 됐지, 난 마누라는 바꿔도 가방 바꿀 일 없어요."

툭하면 핸드백 타령을 하는 아내의 유행병에 저항이라도 하는 것일까. 아니다. 나는 좋은 가방도 많다. 가죽으로 만든 서류가방, 책 두어 권 넣어 어깨에 늘어뜨리던 고급가방, 간단한 소지품을 담아 손목에 매어달던 외출용 손가방이며 가지가지다.

오래 전에 이태원을 지나다 만난 놈, 이것 하나만 어깨에 대각선으로 둘러메면 어떤 나들이에도 대처할 수 있다. 국방색 화섬 천에 가볍고 간편하니 명품가방이 따로 없다.

그런데 엊그제 넓죽한 사각 배낭 하나를 사 메었다. 크고 작은 등산용 배낭도 여럿이건만. 많이도 변한 내 모습에 걸맞은 방어용 전투장비라고나 할까.

날이 갈수록 집중력이 떨어지고 깜박깜박하니 손에서 떨어지면 놓고 일어나는 일이 빈번해진다. 안전을 위해서 열쇠뭉치도 지갑도 끈으로 매어 주머니에 넣는다. 지하철 카드는 목걸이에, 안경도 목에 걸었다.

언제부터인가 다리가 무겁고 힘이 빠졌다. 넘어지면 끝장이라고 조심하란다. 멋이 아니라 낙상에 대비해서 지팡이를 즐겨 든다. 한 손에 지팡이 다른 손에 물건이라도 들게 되면 옆구리에서 덜렁거리는 가방이 거추장스럽기도 하다. 오히려 등에 잡아매는 것이 편안하겠다는 생각이 들었다.

서실에서 가끔 만나는 천안댁이 보기 좋다. 핸드백을 손에 들지 않고 배낭을 등에 진 모습이 듬직하고 멋지다. 정작 배낭을 져야 할 사람은 내가 아닐까싶었다.

붐비는 인사동 골목을 빠져 나와 지하철역으로 가는 길목의 가게에 주렁주렁 매어달린 가방들이 내 눈길을 끈다. 젊은 여자들이나 들고 다닐 가방들이다. 나도 모르게 안으로 들어섰다. 남성용은 없을까 하는 호기심에서.

값나가는 가방이 즐비하다. 보랏빛 배낭이 눈에 띈다. 중형이 적합하나 대형의 디자인이 맘에 들어 만난 김에 짊어지고 나왔다.

웅크렸던 어깨가 저절로 펴지니 걷는 자세가 교정된다. 가슴을 펴니 나도 십년은 더 젊어진 기분이다. 어깨걸이 배낭끈을 조이니 누군가 내 몸을 포근히 안아주는 듯하다.

지하철의 계단도 걱정이 안 된다. 자빠져도 등을 받쳐주고, 자유로운 양손으로 무엇이던 붙잡을 수가 있다. 그러니 배낭은 등산객만의 필수 장비가 아니라 노인에겐 어디서고 소용되는 외출용 방어 장비가 아니겠는가. 유비무환(有備無患)이라 했다.

배낭을 진 채 경로석에 털석 주저앉는다. 훌륭한 등받이다. 딱딱하고 서늘한 등 쪽이 푹신해져 거실의 소파인 양 편하다. 지팡이의 T자 손잡이에 손목을 걸치니 스르르 잠이 온다. 운동화에 마스크를 하고 방한모까지 뒤집어쓰면 완벽한 전천후 전투장비가 고루 갖추어진 셈이다.

남은 일은 걷는 일뿐이다. 움직이면 살고 눕게 되면 끝이란다. 바람이 차도 노을이 짙어가도 새로 맞은 반려자를 업고 열심히 걸어 보련다. 가을의 노랫가락을 흥얼거리며 발길 닿는 데까지.

어느 출정식

며칠째 오는 비가 그칠 줄 모르고 밤새도록 내린다. 오후에 그친다는 날씨예보에 기대를 걸고 이른 아침 빗속에 서울역으로 나갔다. 서너 달 전에 약속된 나들이니 어쩌랴.

아내와 둘이서 타보는 기차여행은 참으로 오래간만이 아닌가. 창밖의 풍광들이 내가 살아온 세월만큼이나 빨리 스쳐가니 감회가 새롭기만 하다. 부푼 가슴을 안고 밀양역에 내릴 때는 비도 그쳤다.

김 교수가 짜놓은 일정 따라 1박 2일의 여름 나들이가 시작되었다. 영남알프스라 자랑하는 천황산을 오르려 얼음골 케이블카를 타러갔다. 아래서 올려다보는 정상은 구름이 끼어 더욱 운치가 있다. 그러나 올라가 보니 뿌옇게 가려 건너편 백운산의 절벽만 감상하고 내려와야 했다.

케이블카가 서서히 움직이자 안내방송이 시작되고, 건너편 백운산 절벽에 그려진 백호를 찾아보라고 설명을 한다. 그런데 몇몇 무례한의 고성방담에 묻혀 그 설명은 도저히 들을 수가 없었다. 배낭 메고 정상에 오르면 즐거운 줄만 알았지 다른 사람의 기쁨은 안중에 없다. 산에 오를 자격도 없는 배낭꾼들의 객기에 백호도 도망치고 말았다. 씁쓸한 우리들의 자화상이다.

저녁은 마산에 있는 김 교수 집에서 준비를 했다. 내외가 맞벌이를 하며 아이들을 길렀는데, 그 녀석들이 중·고등학생이 되었고, 아버지 따라 미국 유학길에 오른다니 참으로 대견스럽다. 삼복더위에 집에서 준비한 뜻을 알만하다. 고 교수 내외까지도 함께하는 즐거운 회식이다.

차리기는 김 교수 집에서 했지만, 김 교수 '환송회'라고 고 교수가 이름을 붙였다. 일 년의 연구년 휴직 차례가 돌아와 온 가족을 데리고 다음 달에 미국으로 떠난다니 말이다. 감회가 새롭다.

35년 전이다. 문교부에서 연구비를 보내주는 행운을 얻어 뉴욕에서 1년 간 홀아비 생활을 하던 일이 문득 떠오른다.

외화가 귀했던 시절이었으니 다달이 부쳐주는 1천 달러 중 350달러의 방값을 제쳐놓고 나머지로 살아가야 했다. 양식에 길들여지지 않아 밥을 해먹었다. 맨해튼의 한인 식품점에 가서 먹을거리를 걸머지고 와야 했다. 말도 통하지 않아 고생을 하다 돌아올 무렵에야 귀가 좀 뚫렸다. 이발도 가져간 가위로 나 혼자 했고, 별로 관광도 못했다. 책을 살 돈이 없으니 도서관에 처박혀 논문이나 책을 복사하는 것이 내 연구생활이었다고나 할까. 돌아와서는 그 자료들을 활용도 못했는데. 중간에 유서를 써놓고 맹장수술을 하러 서울에 나오기도 했고, 막내아들의 서투른 글씨로 쓴 편지를 받아 보며 한없이 울기도 했다.

김 교수의 유학은 부럽기만 하다. 말도 통할 테고, 가족의 그리움도 모를 게고, 복사하는 허비도 필요 없고, 온갖 정보 앉아서 활용할 수 있으니 내가 해줄 말이 없지 않은가. 굳이 덕담 한마디 하란다면, 건강에 유의하고 열심히 놀다오라고나 할까.

뉴욕에서 여러 사람들을 만났고 많은 추억거리를 남겼다. 그러나 잊지 못할 것은 돌아올 무렵의 유럽 일주 여행이다. 어느 호텔 식탁에서 우연히 만난 사람이 모리 리키조(盛力三) 회장이다. 그 십 여 분간의 인연이 이어져 내 인생의 물줄기를 돌려놓고 오늘의 나를 있게 한 셈이니….

언제, 어디를 가나 많은 사람을 만나고, 그 인연을 소중히 길러갈 일이라고 옛이야기를 덧붙여본다.

회식을 마치고 '숲속의 전당'(나는 그렇게 부른다)으로 잠자리를 찾아갔다. 고 교수 내외가 새 둥지를 틀고 애써 가꾸는 농장에서 웰빙식으로 아침을 마치고, 김 교수의 계획 따라 관광길에 나선다. 꿈에 부풀은 출정식이다. 그 옛날 내가 뉴욕의 라과디아 공항에 내리던 생각을 떠올리면서, 태평양을 건너 북미대륙을 정복하러 떠나는 장수의 출정식 리허설이라 상상해본다.

거제도 가배항에서 장사도(長蛇島)해상공원으로 가는 유람선을 예약해놓았다. 가배항까지 가는 동안 길이 막혀 속을 태웠다. 어디쯤 오느냐는 전화를 세 번이나 받으며 과속운전을 했다. 숨 가쁘게 달려 우리는 마지막손님으로 승선을 했다.

어느 기업가가 쓸모없는 섬을 사들여 개발했다는데 이제는 통영의 명승지로 부상했다. 그렇게 탐스러운 수국을 본 것은 처음이다. '별에서 온 그대'를 촬영했다는 동백나무터널을 지나자니 이른 봄에 다시 와보고 싶어진다. 온실 안의 아열대 식물, 분교 앞의 분재원, 섬 중앙의 야외공연장 등에 들인 정성과 안목이 돋보인다.

장사도의 오르막길을 지나 중앙광장에 오면 이곳 명물인

'뽕잎 아이스크림'이 관광객의 미각을 유혹한다. 더위에 지친 나는 설렁설렁 걸어 나와 무지개다리 위에서 바닷바람을 즐기고 있었다. 그때 김 교수는 아이스크림을 사려고 줄을 서서 있었고, 차례가 와 손에 쥐었을 때는 우리를 찾을 수가 없었단다. 애꿎은 얼음과자만 폭염에 녹아버리고 말았다. 김 교수를 만나 받았을 때는 흐물흐물해진 껍데기과자만 남았으니, 참으로 민망했다. 돌아 나오는 길목의 카페테리아에 마침 팥빙수가 있어서 여유롭게 목을 축일 수는 있었다. 미국에 처음 갔을 때는 말이 통하지 않아 아이스크림을 못 사먹었는데, 이 섬에서는 헤어져 다닌 탓에 못 얻어먹었으니 아이스크림이 내게는 나쁜 연의 과자인가 보다.

오후에는 고성의 당항포관광지까지 들러 공룡열차도 타며 피로를 풀었고, 적절한 시각에 마산역에 도착했다. 그의 치밀한 계획과 정성으로 오늘의 출정식은 성공리에 막을 내린 셈이다.

대륙으로의 출정 또한 차질 없이 성과를 올리리라 믿어 의심치 않는다. 많이 갖고 돌아올 것이 아니라, 널리 보고 많이 듣고 가슴 가득 품고 돌아오는 연구년이 되기를 바라본다.

김 교수의 장도에 큰 축복과 행운이 있으라.

옷을 벗은 장미

즐겨 메고 다니는 손가방을 무릎에 올려놓고 두 손으로 안았다. 지퍼 사이에 꽂혀 있는 꽃이라도 행여 다칠까 두려워서다. 문우들의 회식자리에서 미녀 삼총사가 내 수필집『어차피 가는 길을』의 출판을 기념하는 깜짝 쇼를 벌이며 건네준 그 붉은 장미 한 송이가 옆자리의 승객들 시선을 끌었다.

집에 오자 빨리 화병을 꺼내오라고 서두르며 포장지를 풀기 시작했다. 겹겹이 옷을 입히고 군데군데 철사로 묶었으니 벗기는 것도 쉽지 않다. 한참 신경을 써 마지막 종이치마를 벗기고 보니 원, 이럴 수가… 푸른 테이프로 감은 철사 한 오락의 조화(造花)가 아닌가!! 크리스털 화병에 설탕물까지 담아온 아내도 놀라긴 마찬가지다. 웃음판이 벌어졌다. 생화

보다 고왔고, 또 감쪽같이 속았으니….

꽃병에 꽂아 놓고 바라보니 그 자태도 매력 있지 않은가. 양쪽으로 펴든 팔과 균형 잡힌 날씬함의 몸매라니. 애써 벗긴 보람은 있었다. 며칠 후에 시들어 버려질 리도 없고, 또 비스듬히 기대어 서 있는 전라의 여인 같아 오래도록 추억을 되살려줄 듯싶다.

문득 젊은 날의 한때가 주마등처럼 스친다. 삼십여 년 전 객원교수로 뉴욕생활을 할 때였다. 뉴욕주립대학에서 유학중인 성대 졸업생이 코넬대학을 안내해주었다. 대학의 휴양지인 호숫가에서 겪은 충격, 발가벗은 여학생들이 태연하게 풀밭을 거닐고 있다. 놀라는 나를 보고 선물로 사진을 찍어준다나, 양팔을 올려 머리를 매만지며 걷는 젊은 그 여인을 배경으로 하여. 인화해 준 사진에는 나는 없고 배경만 뚜렷할 뿐이었다.

그 사진은 연구실 서랍 속에 잘 간수했다가 정년퇴임 때 조교에게 사연과 함께 물려주었다.

얼마 전 뉴욕 도심에서 열린 여성들의 시위 동영상도 돌이켜진다. 가슴을 드러낸 채 '젖꼭지에 자유를…' 등의 피켓을 들고 브로드웨이 도심에서 행진을 벌였다. 이미 유럽, 남미 등 해변에서는 아래만 살짝 가리고 유두를 노출시킨 수영복이 널리 활용되고 있으나, 시내에서는 가슴노출의상이 없으니 이를 허용하라는 시위란다.

근자에는 우리나라의 생활문화도 많이 바뀌었다. 그 당시 뉴욕에서의 놀라움이 자연스럽게 옮겨왔으니. 노출시대의 오늘에 꽃을 피운다. 벗는 것도 별것이 아닌가보다.

하기야 풍만한 나부(裸婦)를 화폭에 그려 넣으면 아름다운 미술이 되는데, 옷자락이 짧아지거나 비치기라도 하면 야하다고 법석들이니 그 기준이 무엇인지. 관념의 차일지도 모른다. 그러니 문화라는 잣대로 일방적으로 재단을 하는 것은 아닐까.

화병에 꽂힌 장미가 웃으며 속삭이는 것 같다. 별것 아닌 알몸을 비싼 천으로 휘감아 애써 감추면서 자만하고 허세를 부려본들 별다른 수가 없다고.

나만 벗기지 말고 너도 어서 벗으라고 마구 보챈다. 눈에 보이지 않는 포장재로 겹겹이 싸매놓은 가슴을 헤치고 속마음을 바라보란다. 가득한 욕정, 분심, 허상들을 숨겨두고 천사의 얼굴로 둔갑하려면 될 법이나 하겠느냐고 비웃고 있지 않는가.

오래도록 시들지 않고 홀로 서서, 잊지 못할 추억과 준엄한 꾸짖음까지 보내준 저 붉은 장미 한 송이, 문우들의 고마운 마음씨를 다시 떠올려본다.

6 · 25에 만난 목사들

"아아, 잊으랴. 어찌 우리 이날을…."

나는 6, 2, 5의 세 자를 잊을 수가 없다. 탱크를 앞세워 짓밟아 내려온 공산군을 맨주먹 붉은 피로 막아낸 선배 전우들의 희생과 애국을 떠올리면, 지금도 가슴이 메어 6 · 25의 노래를 부를 수가 없다.

전쟁이 일어나지 않았더라면 나는 틀림없이 목사가 되었을 것이다. 서울을 수복하고 승승장구 북진을 하자, 중공군이 개입하여 다시 서울을 내어주고 1 · 4후퇴를 하게 되었다. 그때 중학교 5학년(구제)이었던 나는 '국민방위군'으로 징집 당했다.

경산까지 절뚝이며 행군을 계속하던 중, 가장 중요한 무기인 숟가락을 잃어 버렸다. 하는 수 없이 어느 농가에서 밥을 얻어먹고 부엌에서 숟가락을 하나 훔쳤다. 그 사건을 시작으로 험한 세파 속에 성경의 십계명을 한 번 두 번 어기다가, 마침내 교회까지 버리고 목사의 꿈도 날리고 말았다.

국민방위군 소위가 되었으나 방위군이 해체되면서 다시 학교로 돌아왔다. 우여곡절 끝에 대학에 들어가 법학 교수로서 정년퇴직까지 했다. 그런데 올해 바로 그 6·25의 날에 '월산문학상'을 받았다.

시상식장에 나가 월산재단의 사무국장인 박한상 목사를 만나고 깜짝 놀랐다. 그가 90학번의 성균관대 법과 출신이라니. 참으로 반가웠다. 그러나 생각해 보면 묘한 인연이다. 목사가 되려던 소년은 법학 교수가 되었고, 그 교수에게 법을 배운 학생은 어떻게 목사가 되어, 사제가 문학상을 주고받는 처지가 되었으니. '전쟁이 나지 않았더라면…' 하고 상상을 하니, 박 목사의 모습에서 내 젊은 날을 보는 것 같아 감회가 더욱 새로웠다.

수상식을 대기하던 중 중후한 신사를 소개받았는데, 김신조 목사가 아닌가! 무장공비가 청와대 턱밑까지 와서 전투가 벌어졌던 그때의 삼엄한 분위기가 머리를 스쳐간다.

그날 부암동 집에 임홍근 후배가 놀러왔었다. 멀리서 총성이 들리기에 자하문 고개까지 그를 배웅하러 슬리퍼를 찍찍

끌고 내려갔다. 컴컴한 골목을 막 나가려는데, "손들어!" 하며 등에다 총부리를 들이댄다. "우향우!, 좌향좌!, 엎드려뻗쳐!" 한동안 정신을 빼놓더니 효자동 쪽으로 걸어가란다. 마침 자하문 일대를 수색하던 군인에게 붙잡힌 것이다. 걸려든 사람이 대여섯, 한 줄로 서서 머리에 양손을 얹고 걸어가는데, 겁에 질린 임 후배가 뒤에서 소리친다.

"어이쿠, 미끄러진 것입니다."

대기 중의 버스로 종로경찰서에 인계되어 조사를 받고, 통금시간이 풀리자 석방되었다. 그러나 자하문 방향은 통행이 금지되어 이화동 처남의 집으로 갔다. 구두부터 양복까지 빌려 입고 입학시험 감독을 하러 이화대학으로 출근을 했다.

그때 공비수색대에 붙잡혀 혼이 났노라며 우리는 한바탕 웃었다. 청와대를 까부시러 왔다던 그 공비의 눈초리는 찾아볼 수가 없다. 선량한 목사로 새로 태어나 사랑의 전도사로 존경을 받고 있지 않은가.

무장공비였으면 어떻고, 가족이 빨갱이면 어떤가? 사람은 얼마든지 변할 수 있다. 문제는 겉으로만 변하는 것이다. 자신은 자유를 만끽하고 온갖 특전을 누리면서, 뒤로는 딴 짓하며 사사건건 발목만 잡는 행태가 지탄받을 일이 아닌가.

드디어 단상에 올라 또 한 분의 목사를 만났다. 시인이요 수필가인 김기동 목사로부터 상패와 꽃다발을 받으며 악수를 나눴다. 수상소감을 짧게 하란다.

“월산 김기동 선생은 78년 전, 6월 25일에 이 땅에 태어났는데, 해암 이범찬은 2016년 6월 25일 이 자리에서 새로 태어났습니다. 시골에 내려가 편히 쉬라고 큰 상을 준 것은 아닙니다. 저는 여러분 앞에서 새로운 다짐을 하겠습니다. 심기일전, 마음을 가다듬고, 월산 선생의 깊은 뜻과 치열한 문학정신을 받들어 기운이 다하도록 창작활동에 남은 열정을 쏟겠습니다. 이 나라 문단 발전에 조금이라도 기여하자고 노력하겠습니다.”

이제는 힘든 고비마다 ‘시바다 도요’ 할머니 시인을 생각할 것이 아니라, 역동적이고 전설적인 우리 시인 월산을 떠올리리라.

일석오조

춥지도 덥지도 않은 철이다. 이어지는 맑은 하늘이 가슴을 더욱 부풀게 한다. 특히 올해의 9월 달력에는 빨간 글씨가 연이어 나흘이나 박혀있고, 추석날 밤에는 가장 밝은 '수퍼문'을 볼 수 있다는 보도이다. '더도 말고 덜도 말고 한가위만 같아라.'는 노랫말이 잘 어울리는 풍성한 명절이 아닌가.

그렇게도 즐겁기만 했던 한가위건만 올해의 황금연휴가 내게는 유난히 지루한 날들이 될 것 같다. 체력의 한계를 느껴 해외여행에 나설 수도 없고, 다리가 무거워져 신나게 즐기던 등산도 못하고, 그렇다고 가족들과 지낼 고등학교 친구들을 무턱대고 불러낼 수도 없다. 평소에 무릎도 허리도 아파 죽겠다던 아내마저 마지막 의료봉사를 하겠다며 미얀마로 떠나 버렸다. 밥 차려먹을 일이 난감하게 된 처지다.

때마침 아들과 함께 심혈을 기울여온 여주의 표고버섯농장에서 버섯이 솟아나기 시작했다는 소식이 왔다. 달려가 보니 원목재배라 모양은 제멋대로 각양각색이지만 탐스럽고 싱싱하다. 당장 판로가 있는 것도 아니니 선도가 떨어지기 전에 추석선물로나 써야겠다고 몇 상자 가지고 올라왔다.

퀵서비스는 편하긴 한데 배보다 배꼽이 더 큰 꼴이다. 일반택배 비용도 부담스러워하는 아들의 얼굴이 떠오르니 이를 어쩌랴.

항상 신세만 지는 '고수회' 모임의 조 총무에게는 허물이 없는 처지라 만나서 직접 전하기로 했다. 전화를 걸었더니 반갑게 받는데, 태국에 와 있다지 않는가. 내일 아침에 귀국하여 전화를 하겠단다.

연휴는 시작되었고, 정오가 가까워지는데도 기다리는 전화는 안 온다. 버섯의 선도는 떨어져가고…. 직접 전화를 걸어봐도 통화가 안 된다. 답답한 노릇이다. 궁리 끝에 예의는 아니나 직접 방문을 하는 깜짝 쇼를 벌이자는 짓궂은 충동마저 발동한다.

내 집 산물인 신선한 생표고로 총무님의 노고에 사례를 할 수 있으니 마음도 편하고, 배송비용도 아끼는 셈이니 이익이며, 갈 곳이 없는 무료한 오후에 몸을 움직이는 운동이 되니 건강에도 도움이 된다. 이런 게 바로 일석삼조(一石三鳥)가 아닌가.

끝내 통화가 안 돼도 좋다. 경비실에 맡겨 전해 달라 부탁을 하고, 간 김에 남한산성 오르는 산자락 길을 타다가 되돌아오리라 작정하고 집을 나섰다.

지하철 5호선은 마천역이 가까워질수록 텅텅 빈다. 평상복에 등산용 점퍼를 걸치고 등산모를 눌러쓴 할아버지가 자그마한 선물보따리를 들고 명절 전날 공짜의 전철을 탔으니, 영락없이 아르바이트를 하는 배송노인 꼬락서니다. 좋은 일 즐거워서 하는데 어디 누가 누구를 탓하랴.

물어물어 찾아가기는 했는데, 비밀번호를 모르고는 들어갈 수가 없지 않은가. 도리 없이 되돌아 나와 단지 입구의 경비실에다 선물을 전해달라며 부탁을 했다. 맡아줄 수는 없고 자기가 경내전화를 해서 집에 누가 있으면 문은 열어주겠단다. 마침 따님이 있으니 직접 전하라고 한다.

여독이 안 풀려 잠을 자다 전화를 못 받았다는 조 총무가 뛰어나오며 반색을 한다. 온 가족이 모여 음식을 준비하느라 분주하다. 본의 아니게 불청객이 끌려 들어가 환대를 받았다.

조 총무는 잘 왔다며 머리와 목에 여러 대의 사보침(瀉補針)을 놓아준다. 맛있는 음식을 내어온 젊은 부인은 나보고 정정

하다며, 70세쯤으로 보인다고. 팔학년의 늙은이에게 립 서비스도 심하다니까, "제가 드리는 추석 선물이에요" 하며 재치 있게 받아넘긴다. 한바탕 웃고 나니 분위기가 확 바뀌었다.

빨리 자리를 뜨는 게 좋을 듯해 남한산성 올라가는 길을 물으니, 조 총무도 걷고 싶다며 앞장을 선다. 골프장 울타리를 끼고 숲속을 걸어간다. 젊은 시절의 기억이 생생하다.

내가 처음 골프를 배울 때였지. 인도어에서 3개월 열심히 연습을 했다. 프로가 머리를 얹어준다며 처음으로 필드를 데리고 나간 곳이 바로 이곳 산성골프장이었다. 높은 언덕배기에서 첫 타를 치는데, 그 너른 필드가 까마득하기만, 눈에 아무것도 들어오지 않아 공을 어떻게 맞혔는지 정신이 없었다. 그 페어웨이를 오늘은 밖에서 들여다보며 여유로운 오후를 즐긴다.

침 시술에 부인의 추석선물까지, 파격 방문이 일석 오조가 된 셈이니 돌아오는 발걸음은 한결 가볍고 즐거웠다. 더도 말고 덜도 말고 나날이 오늘만 같았으면.

한가위 풍성해도 긴 연휴가 지루한지
버섯 들고 쳐들어가 깜짝 쇼 벌였더니
불청객 크게도 반겨 깊은 정 솟구치네.

일석칠조가 되었네

어느 분으로부터 E메일이 날아들었다. 신문에 수필란을 확보했으니 원고를 보내달란다. 지역신문이기는 하나 이색적인 청탁이다 생각되어 써놓았던 글 한 편을 바로 보냈다. 여러 날이 지나도 기다리는 신문은 안 온다. 참다못해 전화를 걸어봤다.

원고가 많이 들어와서 못 실었는데, '지연될 수도 있다'고 했지 않았느냐는 대답이다. 못 싣는다든가 언제쯤 늦겠다든가 하는 확답도 없다. 원고공모를 한 것도 아니고 청탁을 했는데, 예상 밖의 배수진을 쳐놓은 셈이니 비열하다고나 할까….

신통치 않은 원고를 보내 미안한데, 그럼 나의 투고는 취소하겠으니 없었던 일로 하자며 전화를 끊고 말았다. 까닭

없이 눈뜨고 바보가 된 느낌이었지만 어쩌랴.

때마침 또 원고청탁이 들어왔다. 누군지도 어느 문예지인지도 모르지만 바로 그 원고를 즉시 보냈다. 그런데 이번에도 몇 달이 지나도록 소식이 없지 않은가. 자라보고 놀란 가슴 솥뚜껑 보고도 놀란다고, 또 당하나 싶어 메일을 보냈다.

…금년 4월 1일 자로 『일석오조』 원고를 보내드렸는데, 어떻게 처리되었는지요. 제 수필의 발자취를 정리할 수가 없군요. 못난 자식 시집보내놓고 소식 없어 답답한 심정같다구나 할지요.

이범찬 작가님께

회신이 늦어 정말 죄송합니다.

선생님의 작품 『일석오조』는 수필다운 '명수필'이라 생각합니다.

지난 4월에 선생님의 작품을 받고 보통 아무 달에나 싣기에는 너무 아까운 작품이라는 생각이 들어 수필 내용과 어울리는 추석 명절이 들어 있는 9월호에 싣는다면 시의적절(時宜適切)할 것 같다는 생각에 지금까지 아끼고 아끼다가 9월호에 싣기 위해 지난번에 출판사에 보냈습니다.

전국의 독자님들이 선생님의 작품을 보면 대단한 호응을 보일 것이라 기대합니다.

진즉 이러한 저의 속마음을 알려드렸어야 했는데, 그러지

못해 선생님께서 그동안 마음이 언짢았을 지도 모르겠습니다. 미안합니다. 용서하십시오.··· 이하 생략···

2016년 7월 31일 주광현 올림

작년 추석 때의 일이다. 매일 지루한 나날을 보내는 내게는 나흘이나 연속되는 황금연휴가 지옥연휴가 아닌가. 때마침 마누라도 마지막 의료봉사를 하겠다며 미안마로 떠나버렸으니 처량한 신세로 전락했다. 생각 끝에 아들 농장에서 나오기 시작한 표고버섯 상자를 들고 '고수회' 모임의 조 총무 집을 추석 전날 예고도 없이 쳐들어갔다.

명절선물도 했고, 택배비용을 아꼈고, 걷기 운동도 되었으니 일석삼조요, 무례한 불청객이 조 총무의 사보침(瀉補針) 시술도 받고 그 부인의 환대와 립 서비스 선물까지 받았다 해서 '일석오조'란 제목을 붙였다.

9월이 시작도 되기 전에 책이 배달되었다. 열어보니 『한울문학』이 5권이나 들어있다.

"선생님의 수필 작품 「일석오조」가 '초대수필'로 실렸습니다. 축하드립니다. 늘 건강하시고 건필하시길 빕니다. 주광현 드림." 문자 메시지도 보냈다.

"고맙습니다. 주광현 선생님. 9월호 잘 받았습니다. 5권이나 보내주셔서 추석 선물거리가 생겼으니 1석 6조가 된 셈. 즐거운 명절 보내시길. 이범찬 드림."

즉시 고향 후배들에게 자랑삼아 한 권씩 보내주었다. 고맙다며, 자기는 글을 읽기는 좋아하지만 쓰지는 못하니 대신 복숭아 선물이나 한다고 보내왔다. 야! 이건 1석 7조가 된 꼴이다. 누가 그랬던가. 걱정은 나누면 반으로 줄고 사랑은 나누면 배가 된다고. 그렇다. SNS시대의 정의 나눔과 소통은 두 배가 아니라 기하급수적으로 증폭하는 게 아닐까싶다.

올해도 추석연휴는 어김없이 다가왔고, 마누라는 이번에도 마지막 봉사라며 미얀마로 4박 5일의 의료선교를 떠나니, 나는 또 무슨 짓을 하며 지내야 할지….

자랑스러운 그대

대한민국의 모범적인 군인, 육군 중령 이제현(李濟鉉)은 '짧지 않은 삶 72년'이란 삶의 발자취를 남겨놓고 갔다. 광고지 이면에다 간결하게 적은 눈물겨운 사연들이다. 국군묘지에 잠든 지도 어언 십여 년이 흘렀다.

나는 우연히 그 유고를 보고, 읽어줄 사람이 없다손 치더라도 이 고귀한 피와 땀의 결정체를 그의 사리로 영원히 세상에 남겨놓고 싶어졌다. 미숙한 기록들을 약간 손질하여 출간해 주는 것이 내 친구요 매제인 고인에 대한 도리라고 생각한다.

이제현은 멋진 삶을 살고 갔다. 어려서 몰아닥친 역경을 의지와 열정으로 극복하면서 아름다운 금자탑을 세운 공로자다. 젊은 청춘을 조국을 구하기 위해 던졌고, 화려한 병력을 두루 거치면서 강한 육군의 창건에 공헌한 모범 장교다. 진정한 애국자다. 자랑스러운 인간 승리자다.

맨주먹으로 험한 세파를 극복하면서 치열하게 살고 간 전설적인 인간상을 만난다. 그 자손은 말할 것도 없고, 모르는 사람이라도 한 번쯤 읽고 자신의 삶을 성찰해볼 수 있는 기록이라 높이 평가하고 싶다.

두리봉 기슭에 자리 잡은 국립대전현충원에 잠든 영예의 이 중령!

온갖 고생 다 하며 어렵게 서울대학교 의예과에 합격을 하여 첫 학기 등록까지 마치고도 영장이 나오자 입대를 하여 포병장교가 되었지. 제대 후에 의사가 되리라던 꿈은 깨어지고 군인으로 한평생을 마쳤으니….

그래도 영어를 잘했기에 미국 육군포병학교로 국비유학도 할 수 있었고, 제1야전군사령부 비서실에서 근무를 했으며, 주월 한국군인건설지원단(비둘기부대)에서 파견근무를 할 수 있었으니 그 얼마나 보람이 있는 삶이더냐.

돌이켜보면 우리는 서로가 앞만 보고 자기의 길을 질주하느라 즐거운 시간을 함께하지 못한 것이 못내 아쉬움으로 남는다.

전쟁의 폐허 속에 외국의 구호물자로 살아가던 우리가 이

제 반세기 만에 못사는 나라를 도와줄 정도로 발전했으니 그대의 피와 땀은 결코 헛되지 않았다. 안심하고 편히 영면하시라.

두리봉 기슭에는 아늑한 보금자리
줄지은 비석마다 이슬은 차갑건만
전우의 끊다만 피는 잔디밭을 녹이네.

내 나라 내 형제들 지키려 나선 그대
젊음도 불사르고 평생을 바쳤으니
거룩타 호국의 충정 자랑이 아니더냐.

삼가 고인의 명복을 빌면서 이 자랑스러운 발자국을 세상에 드러낸다.

2016년 3월 고인의 십주기에 즈음하여

*이제현 중령의 유고 자서전 『나는 대한민국의 자랑스러운 군인이었노라』의 편집후기임

축시와 덕담

오래간만에 아끼는 검은색 캐시미어 양복으로 정장차림을 하고 나섰다. 기온이 영하 십도를 오르내리는 소한 추위에도 발걸음은 가볍기만 하다. 성균관대학교 제20대 총장이 된 제자 정규상 교수의 취임식에 참석하는 길이다. 기쁨에 잠도 설치며 간밤에 축시를 지어보았다. 육필로 작품화한 작은 액자를 손에 들고, 일부러 명륜골 비탈길을 걸어 오르며 옛 추억을 더듬는다.

600주년기념관 새천년홀로 안내받았다. 수백 석의 대형 강당이다. 시설도 순서도 준비는 완벽했다. 재치 있는 명사회자의 진행도 돋보이고.

멀리 단상 중앙에 앉은 총장 내외의, 검정 가운에 허리띠까지 두른 모습은 어느 황제도 부럽지 않을 성싶다. 교기를 전달받아 서너 번 흔들어댈 때는 만감이 오갔다. 청출어람(青出於藍)의 기쁨을 체험하는 감격의 순간이다.

기념촬영의 순서가 끝나자 5층에 준비된 식당으로 올라갔다. 의식을 벗어난 잔치판이다. 동문회장을 비롯해 각계각층의 귀빈들이 제각각 이색적인 건배사로 축배를 권하며 흥을 돋운다.

명예교수석으로 지정된 식탁에는 법과 명예교수들이 오랜만에 자리를 함께했다. 기왕 준비한 축시이기에 읽어주었더니, 전체 하객이 듣게 낭송하는 것이 좋겠다며 마이크를 갖다 주는 바람에 그 자리에서 일어났다.

"정 총장에게 법학을 직접 가르친 명예교수 이범찬입니다. 기쁨의 설렘을 못 이겨 축하와 당부의 뜻을 담아 써본 축시를 낭송하겠습니다.

날아라 독수리여

-정규상 총장의 취임에 부쳐

명륜골 드나들며 갈고 닦은 열정인가
큰 짐을 걸머지고 하늘 높이 나르려니
바랐던 청출어람(青出於藍)은 이 아니 기쁠쏜가.

한 손에는 저울을 다른 손엔 칼을 잡고

몰려오는 너울을 거침없이 건너뛰어
아득한 성균의 전통 누리에 빛을 내리."

내가 자리에 앉자 사회자는 그제야 정 총장을 민사소송법 학자로 길러낸 지도교수 생각도 났던 모양이다. 김홍규 교수님의 사모님께 덕담 한 말씀 부탁드린다며 마이크를 건네는 게 아닌가.

백발에도 정정한 정 여사는 옛이야기를 털어놓는다. 김홍규 교수가 술을 좋아해서 제자들이 찾아오면 2층에서 술판을 잘 벌였는데, 밤이 깊도록 끝까지 남아 독을 비우는 학생이 정규상 학생이었다고, 그리고는 취해서 잠까지 자고 갔단다. 객석에서 웃음이 터지자 뼈있는 한마디를 덧붙인다. 그러나 의리 있고 올곧은 성품의 착실한 수제자였노라고.

부인의 말을 듣자니 나도 옛일이 생각나 감회가 새로웠다. 법과대학이 독립하기 전 법정대학 시절이다. 마침 법정대학의 법학과에 상법교수의 자리가 비게 되자 법학과 교수회의에서는 성대졸업생으로 충원하기로 만장일치 결의를 했다. 당시 학과장이었던 김홍규 교수는 정치외교학과 소속의 오병헌 학장에게 자기도 찬성은 했지만 실은 반대한다는 의사를 밝히며, 이화대학의 이범찬 교수를 데려와야 학교발전에 더

도움이 된다고 주장했다. 과감한 인사쿠데타인 셈이다. 이런 파란을 겪어가며 정 총장과 나의 인연을 맺어놓고 자신은 연세대학으로 자리를 옮겼다. 자연 학과장의 궂은일을 내가 떠맡아야 했다.

몇 해 후 김 교수는 학술원 회원이 되었으나, 호사다마라던가 아쉽게도 일찍 세상을 떠났다. 그 후 상법 전공의 학술원 회원 세 분도 모두 타계하자 그 빈자리의 후보로 학회의 추천을 받게 되었다. 학회는 3년 연속 추천을 했지만 성대 쪽이 너무 많다는 구실로 매년 유산시켜 고배를 마시게 되었다. 공교롭게도 매번 한 표가 모자랐으니, 그 친구가 살아 있었더라면 하는 아쉬움을 나로서는 지울 수 없었다.

새옹지마라 할까, 학술원 회원을 체념한 덕에 나는 문단으로 들어와 새 삶을 지금 한껏 즐기고 있다. 김 교수는 살아 총장감을 길러냈고, 저 세상에 가서는 한 사람의 시인을 탄생시켜 제자의 축하연에 축시를 읊게 했다.

정규상 총장의 활약을 기대한다. 스승의 의협심과 용기를 본받아 육백 년 전통의 모교를 온 누리로 이끄는 명문대학(global leading university)의 반열에 올려놓기를 기원한다. 부디 초심을 잃지 말고 열정을 쏟아 새 역사를 쓰도록 당부한다.

4.

먹물의 언저리

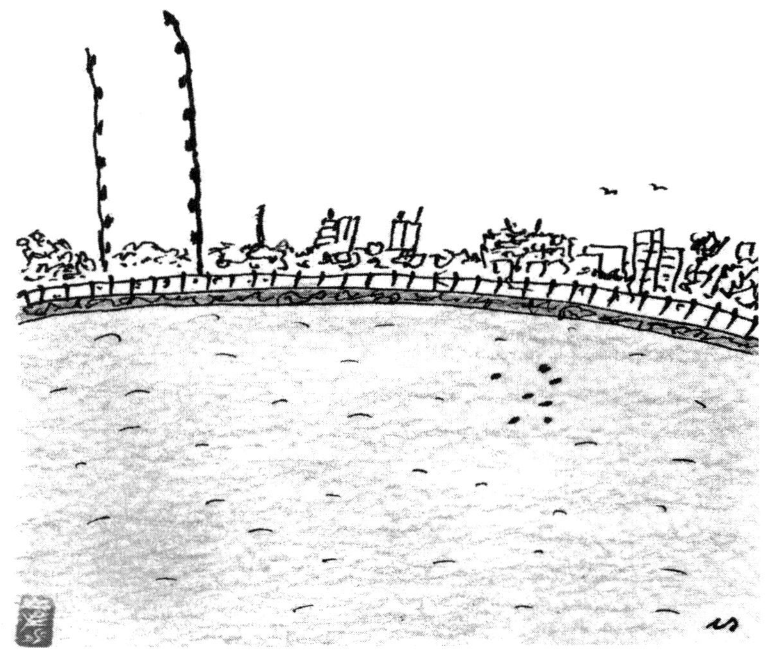

한 서백의 집념

무르익은 가을날이다. 인사동 골목은 오늘따라 아침부터 유난히 붐빈다. 한국미술관으로 향하는 내 발걸음도 점점 빨라진다. 산수전(傘壽展)을 겸해서 그 험난했던 발자취를 돌아본 자전대담집(自傳對談集) 『필묵도정(筆墨道程)』의 출판을 기념하는 자리다. 전시한 작품들이 궁금해서 마음마저 설렌다.

문을 열고 들어서는 순간 가슴이 콱 막히는 듯했다. 2층 전관을 가득 메운 작품들이 송천(松泉) 서백의 필묵생활 외길을 증언한다. 『필묵도정』을 읽지 않아도 알만하다. 130여 점의 본인 작품에 120여 점의 축필 작품이 보는 이의 가슴을 달군다. 대부분의 하객이 서서 노옹의 한을 푸는 외침에 귀를 기울이며 격려의 박수갈채를 보낸다.

송천은 유학자의 집안에 태어나서 자연스럽게 유학의 도를 몸에 익혔다. 붓과의 만남은 숙명적이라고나 할까. 대학 1학년에 국전에 입선을 하는 재능을 보인다. 임영신 총장에게 독립선언문을 써드린 덕에 대학 4년의 장학금도 받았다. 군대생활도 5사단에서 1군사령부로, 사령부에서 다시 육군본부로 뽑혀 다니며 붓글씨로 복무를 마치는 행운이 따랐으니, 한때도 붓을 놓은 날이 없었던 필묵생활 팔십 년이다.

올곧은 성품으로 인해 험궂은 길에서 울분을 스스로 삭이며 외로운 싸움을 해야 하기도 했다. 첫 입선에서 추천작가가 되기까지 24년, 인고의 세월을 견뎌낸다. 마부작침(磨斧作針)의 자세로 미련하리만큼 끈질기게 집념을 불태웠으니 문공부장관상을 두 번이나 거머쥐는 영광의 날도 맞는다.

정확하고 까다롭기로 이름난 이병철 회장을 7년간이나 개인지도를 했다는 뒷얘기다. 그분이 "송천 선생은 제2의 추사 선생이 될 거야."라고 한 예언이 결코 의례적인 과찬에 그치지 않을 것 같다. 추사를 누구보다도 흠모하고 깊이 연구하는 송천의 일상에서 '추사를 넘어서'의 큰 꿈을 키우는 모습을 엿볼 수 있다.

자기 자신에게 엄격했을 뿐 아니라, 제자들에게도 무서운 스승으로 각인되었을 것이다. 그러나 팔순의 고개를 넘으면서 지금까지 쏟아 부은 잔소리는 이제 고만하고, 여유롭게

호탕한 자신의 글씨를 써보겠다는 야심찬 외침이 백호의 포효(咆哮)인 양 심금을 울리지 않는가.

축사, 답사 등이 끝나자 마지막 순서로, 준비된 붓을 잡고 일필휘지로 '磨斧作針'을 남긴다. 그 당당하고 거침없는 손놀림은 얼마나 멋있는가. 더 없이 부럽다. 그 넉 자는 바로 서예가 솔샘이 걸어온 외길 팔십 년, 『필묵도정』의 대명사요 웅대한 꿈의 길조(吉兆)이리라.

늦깎이 묵객의 길에 들어선 내 가슴에도 준엄한 가르침으로 파고든다.

송천(松泉)의 산수전

『필묵도정』 출판기념회는 오전의 일이었고, 이어서 오후에는 송천 서백의 산수전도 벌어졌다. 오전보다 하객이 더 많았고, 분위기도 활기찬 잔치판이었다. 대형 케이크도 자르고, 원로들의 축사와 답사며, 흥겨운 축가와 축주로 이어졌다. 그리고 마지막 순서로 송천옹이 직접 가족 소개까지 했다. 가슴을 뭉클하게 하는 하이라이트였다.

"송천의 글씨는 추사 근처에 갔지!"

"무슨 소리, 추사의 글씨에는 금강저(金剛杵)가 박혀 있어. 그것은 제주도의 귀양살이를 극복했기 때문이지."

"아니, 추사의 제주도 귀양살이는 기껏 팔 년이지만 송천의 인사동 귀양살이는 사십 년이 아니야?"

하객과 송천 사이에 오고간 칭송과 겸손의 대구다.

나도 끼어들어 상상을 해본다. 만약에 추사가 이 전시에 와서 둘러본다면 무어라 했을까. 찬탄을 아끼지 않았으리.

그러니 추사인들 어찌 상상이나 할 수 있으랴. 130여 점의 작품과 120여 축필을 한자리에 모을 수 있다니….

돌이켜보면 백두대간 구석구석에 어떻게 그 숱한 비문을 꽂아 놓았을까. 신토불이(身土不二)나 조계사, 해인사 등 일주문의 큰 글씨 획은 어떻게 처리했으며….

추사는 초서를 남기지 못했는데 모든 서체를 섭렵했으니 혀를 찼을 게다. 더구나 삼천 자에 이르는 한글 대작 노산 이은상의 '조국강산'을 한 점의 흐트러짐 없이 꽂듯이 박아놓다니….

써놓은 글씨의 양뿐이 아니라, 나라를 사랑하는 애국심과 그 기백 또한 높이 평가했으리. 독립선언서는 역사적인 삼일운동의 핵이요 원동력이다. 그래서 해마다 읽히고 서예가들도 꾸준히 써왔다. 그러나 아쉽게도 유림에서 작성하고 국제회의에까지 선포한 또 하나의 한문 독립선언서는 널리 알려진 바 없다. 유학자들의 한을 풀어주려 써주기로 한 약속을 이행하느라 사력을 다한 흔적이 엿보이지 않는가.

끝으로 가족소개를 하겠다는 사회자의 말이 떨어지자 송천이 나선다. 서예의 길을 이어주지 않는 자식들의 이야기며, 평생 성심껏 내조를 한 부인의 소개가 무척 인상적이다. 내가 '제일 무서워하는 사람'이라고는 했지만 밤낮으로 먹물에 빠져 헤어나지 못하는 자신의 고행에 기꺼이 동참해준 반려자의 노고를 새삼 위로하고 감사하는 뜻이리라. 젊은이들은 힘도 안 들게 사주 쓰는 그 말 한마디를 토해내지 못하고 에둘러 표현하는 이 남자, 어쩌면 나와 그리도 꼭 같은 구세대의 전형이 아니던가. 그래도 사회자는 퇴장하는 모녀가 눈시울을 적셨다고 전하니 어찌 가족들만의 심경이었으랴.

오전에 남긴 휘호, '磨斧作針(마부작침)'이 떠오른다. 송천이야말로 도끼를 갈아 침을 만들듯이 꾸준히 노력해온 인생의 승리자가 아닌가. 축하연에 온 사람이나 그렇지 못한 사람이나 그 누가 이의를 제기할 수 있으랴. 그동안 힘들게 지켜보며 보필해온 가족도 오늘의 이 광영에 감동했을 터, 한없이 기쁘고 자랑스러웠으리라.

도끼 갈듯 여든 해를 지켜온 선비로
써버린 지필묵이 큰 산을 이뤘거니
뉘라서 감히 따르랴 험궂은 먹물 길을.

구봉루(九峰樓) 들어박혀 써내려간 '조국강산'
신토불이(身土不二) 휘갈기며 울부짖은 묵객은
기백도 하늘을 찔러 새 자취를 새기네.

기어코 안팎을 평정한 거인의 당당한 모습을 나는 가슴 깊이 새겨둔다. 이제는 백수전의 약속을 지키도록 기원을 하며….

사전오기(四顚五起)

오늘은 인사동 골목이 유난히 붐빈다. 낯선 외국인들까지 들끓는다. 우리나라 젊은이들도 토요일 오후를 즐기려 쏟아져 나온 모양이다. 나마저 가세한 꼴이니 사람에 치어 발을 옮겨놓기가 어려울 지경이다.

아직도 손이 떨리는 듯하다. 야속하게도 붓만 잡으면 손이 떨리는데 몇 년 만에 다시 잡았으니 더할 나위가 없다. 그래도 한편으로 마음이 후련하다. 칠전팔기의 맹장(猛將)이라도 된 양 어깨를 펴고 심호흡을 해본다.

언젠가 문인들의 시화전에 초대를 받은 적이 있다. 다채로운 그림에 자신들의 작품을 곁들였으니 얼마나 보람차고 멋이 있던가. 나도 해보고 싶은 충동을 느꼈다. 문제는 재주도 없는 늦깎이 주제에 그림까지 곁들인다면 어쩌잔 말이람.

옛 선비들은 시문에 능했다. 붓은 생활의 필수품이었다. 그러니 망중한(忙中閑)의 여기(餘技)로 사군자쯤 치는 멋은 누구나 즐겼으리라. 컴퓨터와 볼펜에 길들여진 나로서는 흉내 내기조차 어렵지 않은가. 그러기는 해도 바위틈에 솟아난 난 한 폭이라도 그려보고 싶으니 이를 어쩌랴.

몇 해 전 용기를 내어 오랜 세월 가깝게 지내온 화백을 찾아갔다. 그림 공부는 늦었고, 사군자만이라도 배웠으면 좋겠다고 뜻을 전하니 "좋지" 하고 쾌락을 한다. 내친 김에 즉시 화실로 뒤따라갔다.

화선지를 펴놓고 먹물에 붓을 적시는가 했는데, 익숙한 솜씨로 난을 그려놓는다. 몇 초나 걸렸을까. 귀퉁이에 화본(畵本)이라고 적더니 그 화선지를 건네주며 집에서 그렇게 연습을 많이 하란다.

큼직한 붓통에 수십 자루의 헌 붓이 꽂혀 있기에 초심자가 쓰기에 적합한 놈으로 한 자루만 달랬더니 중간 붓 하나를 뽑아준다. 집에 와서 먹물에 담그니 중앙의 털이 뭉겨져서 쓸 수가 없지 않은가. 다음 주에 붓 이야기를 하니 대, 중, 소 네댓 자루가 들어 있는 붓통을 내어 놓는다. 광주의 명장(名匠) 작품이라며 권하기에 구입을 했다.

둘째 주에는 국화, 셋째 주에는 매화, 넷째 주에는 대나무의 화본만을 받아 왔다. 붓놀림의 설명도, 내 그림에 대한 첨삭 지적도 없이 집에서 혼자 흉내만 내기에는 아무리 명장의 붓이라도 한계가 있다. 그럴 줄 알았더라면 통산 몇 분간의 동영상이라도 찍어둘 걸 그랬나 싶어 후회막급이다. 행여나 나를 천재로 알고 천재교육을 실험해본 것은 아닐까.

나의 문인화 습작의 꿈은 이렇게 막을 내렸다. 화상(畵商)과 묵객(墨客)의 셈법은 그렇게도 달라야 하는 것인지.

날렵한 난의 잎은 봄볕에 나부낄 듯
명품 붓 잡는다고 그 흉내 낼 수 있나
향기도 뿜어내려면 추위를 겪던 것을.

세월은 점점 빠르게 흐르는데, 사군자의 꿈은 사그라들지를 않는다. 그래서 이번에는 잘 아는 서백을 찾아갔다. 누구 소개해줄 만한 분이 없겠느냐고.

빙긋이 웃으며 제의를 한다. 다른데 찾아가면 여러 모로 어려움이 있을 것이니 틈이 나는 대로 자기 서실에 놀러 와서 글씨를 써보라고 한다. 아무런 부담도 갖지 말고, 쓰다보면 사군자도 익히게 될 거라며. 참으로 고마운 충고다. 사실은 그것이 정도요 지름길이라 싶었다.

이젠 우리도 백세시대에 접어들었으니 건강에 유의하고, 서로 염려해주며 백수전까지 목표를 세우자고, 약속을 하잔다. 나는 참관하는 셈으로 약속을 하겠다니까, 자기 옆에서 함께 차리면 되고, 이제부터 느긋하게 시작하면 틀림없이 이루어질 것이라고 부추기기까지 한다. 우리는 파안대소하며 다짐을 했다.

일본 격언에 '좋은 일은 서둘러라(善は 急げ)'라는 말이 있다. 하루라도 늦출 필요가 없지 않은가. 당장 실전에 돌입했다.

사군자 손대려면 글씨부터 익혀야지
글 못 쓰는 선비가 그림부터 탐내다니
마음을 비울 길 없어 붓끝만 떨어대네.

오늘은 손도 떨리고 마음도 떨렸으나 발걸음만은 가볍다. 돌이켜보면, 30대 초반에 이화대학에서 한글서예로 연을 맺고, 40대에는 어린 아들까지 함께 서실을 드나들게 했으나 포기를 했다. 50대에는 성대 교수들의 모임에서 다시 시작하다 바빠지니 후일로 미룬 것이 정년으로 이어졌다. 몇 해 전엔 양재동 노인복지회관에서 또 다시 화선지만 한 봇짐 사놓고 멈추고 말았다.

며칠 전에 84세의 권노갑 원로 정치인이 박사과정에 도전을 했다며 지상에 소개가 됐다. 나야 나이도 두 살이나 젊고 심심풀이로 하는 서회(書會)의 입회이니 뉴스감이 될 리는 없다만, 따져보면 나의 재도전은 자그마치 사전오기가 된다. 칠전팔기에 버금가는 도전이라 자부한다면 오늘이라도 서두르길 잘한 성싶다.

구봉루(九峯樓)의 밤

토요일이어서 그런지 푸근한 오후였다. 삼양동 뒷길을 누비며 고참 회원들을 따라 일찌거니 수유리로 향했다. 해가 지기 전으로 구봉루에 올라 북한산 봉우리들을 바라보라는 장실장의 귀띔에 왠지 가슴이 설렌다. 삼십여 회원들이 윷판을 벌일 판이니 구봉루의 넓이는 짐작이 되지만, 그 방에 가득 차 있는 소장품들을 마음껏 엿본다는 생각에 마음이 조급해진다.

골목길로 들어서자 곧 유럽의 고성같이 언덕배기에 솟구친 삼층 벽돌집 앞에 차가 섰다. 올려다보니 창문에 검정 글씨가 붙어있다. 서예가의 간판인 양. 대문도 활짝 열어 놓았다. 송천 선생에겐 인사도 없이 삼층 서재로 직행을 한다. 다른 회원들은 내 집같이 익숙한 발걸음이다.

오르는 계단이나 벽에도 고색이 짙은 작품과 자료들로 채워져 있다. 구석구석 명품 수석들도 즐비하다. 방을 들어서는 순간 입이 벌어진다. 야아, 서재가 아니라 미니 박물관이 아닌가. 창밖으로는 인수봉 백운대가 손에 잡힐 듯 다가선다. 눈만 돌리면 기암절벽이 들어오니 등산이 따로 필요 없을성싶다. 그 정기를 받았기에 그 숱한 작품들을 써낼 수 있었을 게다.

지나간 반세기의 추억이 주마등처럼 뇌리를 스친다. 아현동 고갯길의 고가구집을 들르고, 인사동 골목의 야송 영감 가게에 가서 수석을 골라주던 일, 화곡동 검여 선생 댁으로 열 폭 병풍 글씨를 받으러 사과상자를 사들고 함께 갔던 일이 생생하게 떠오른다. 골동품은 값싼 것 열 개보다 비싼 것 한 개가 낫다고 일깨워주면서 옛것에 유난한 관심을 보였던 송천이다. 문방사우와 평생을 어울린 선비의 모습을 새삼 재확인하는 순간이다.

진기한 벼루들이 선현들의 창의와 아취를 내풍긴다. 벼루가 있으면 연적도 뒤따르는 법. 진귀한 서화, 수천 권의 장서와 자료들을 용케도 수집했고 잘도 보관하였다. 갈비가 그렇게 먹고 싶었어도 돈만 생기면 책을 사 모았다고 실토하던 서백의 열정과 집념이 가슴을 다시 울린다.

한적했던 언덕배기에 새 보금자리를 틀고, 계획대로 앞집까지 사들여 거대한 저택을 짓고, 특별히 설계한 구봉루를 평생 지켜왔기에 가능했던 일이다. 그런데 나는 이곳저곳 몇 번 이사를 하고, 끝내는 대학의 연구실마저 내놓으면서 모았던 장서를 모두 처분해야만 했었다.

놀랍게도 나의 『상법강의』와 『상법예해』가 서가의 맨 꼭대기에 꽂혀 있지 않은가. 그 가운데 『상법강의』는 내 처녀작 교재이다. 이제는 저자도 보관을 하지 못한 희귀본이 되었다. 서화나 예술에 관한 진귀한 서책들의 틈을 비집고 필요도 없을 법서가 자리를 잡고 있다니, 참으로 반갑고 고맙다. 우리의 인연을 소중히 가꿔가는 선비가 아니고서야 어찌 상상이나 할 수 있으랴. 저절로 머리가 숙여진다.

서재를 드나드는 미닫이의 유리문에는 수십 자루의 붓이 발처럼 매달려 있다. 이것은 수집품이 아니다. 열정을 불태운 한 거인의 피와 땀으로 얼룩진 진품명품의 가보이다. 활자같이 박아 놓는 필력의 원천을 찾아냈다. 숨을 죽이며 목숨을 걸고 자기와의 처절한 싸움을 이겨낸 맹장의 비장무기들이다. 늦깎이 묵객은 옷깃을 여미지 않을 수 없다.

구봉루에 올라오면 다락방까지 보아야 한다. 창고 같은 공간이다. 지붕 밑에는 쓰다 남은 화선지가 지물포같이 쌓여있다. 바닥에는 희귀한 자료들이 펼쳐져 있고, 방 한가운데의 탁자 앞에는 방석 하나가 놓여 있다. 왼쪽 창문밖에는 인수봉이 마주 앉았다. 매일 명상하고 다짐하며 기를 받아 내공을 쌓아가는 수도승의 그 자리가 아닌가. 굳이 나보고 와서 앉아보라고 권한 뜻을 이제야 알만하다.

돌아 나오려는데 아가씨가 스스럼없이 귀여운 질문을 한다. 바닥에 깔려 있는 검정 종이에는 어떻게 글씨가 희냐는 것이다. 탁본의 원리를 모르는 꼬마에게는 자기가 쓰는 검정 글씨와 다르니 이상하기도 하렸다. 소동파의 적벽부를 설명한들 알아들을 리 있으랴만, 오늘의 충격과 처음 만나는 광경들이 가슴 깊이 새겨져 아름다운 추억으로 되살아나리라. 성장의 밑거름이 되리라고 확신한다. 어른들 틈에 열 살짜리 손녀를 데리고 와서 산교육을 시키는 할아버지의 혜안과 열정에 경의를 표하며, 열한 살의 손자를 둔 나 자신을 되돌아보기도 했다.

그 할아버지는 어린 손녀에게 사랑으로 큰 꿈을 심어주고, 아버지는 매주 토요일이면 어김없이 손을 잡고 서실로 찾아왔다 데려가며 정성을 쏟는다. 그 가녀린 손가락으로 굵은 붓 자루를 반듯하게 잡은 혜인이의 모습은 앙증맞고 귀엽기 이를 데 없다. 그 밝고 맑은 성품이 어른들을 한껏 즐겁게 한다. 내 자신의 굳은 표정과 가슴 가득 찬 욕심을 들여다보게도 한다. 저 꼬마는 탁한 공기를 정화시키는 피톤치드다. 회원들의 사랑을 받고 서실의 앞날을 지켜줄 마스코트가 등장한 셈이다.

이런 저런 생각을 떠올리는 사이 구봉루의 밤은 깊어만 갔고, 화기 넘치는 윷놀이 판은 뜨겁게 달아오른다.

구봉루(九峯樓) 윷놀이

그렇게 매섭던 바람도 잦아들고, 봄날같이 푸근한 오후이다. 데이트라도 하는 양 들뜬 마음으로 토요일을 기다렸다.

사월에 여는 회원전과 설 명절에 벌이는 윷놀이는 서실의 큰 연례행사지만 한 번도 거르지 않고 이어왔다. 을미년의 송천서회전은 벌써 마흔두 번째가 되니 자랑스러운 글방잔치가 아닌가. 회원전을 몇 번 감상은 해왔지만 올해는 나도 처음으로 작품을 내걸기로 했고, 윷놀이도 함께 어울리기로 했으니 가슴마저 뿌듯해진다.

윷놀이는 삼십여 회원이 한 자리에서 법석을 떨어야 하니 구봉루쯤 방이 넓어야 한다. 또 떡국에 설음식을 차려 내야 하니 그 어찌 쉬운 일인가. 세시풍속과 전통을 즐기며 이어가려는 열의와 내조자의 헌신적인 정성이 없이는 엄두도 못

낼 일이다.

다락방까지 둘러보고 내려오자 떡국 상을 받았다. 설날이면 동리 어른들께 세배를 다니며 세뱃돈 대신 떡국이나 밤 대추를 받아먹었던 어린 시절이 떠오른다.

서둘러 상을 물리자 내외분을 모시고 세배부터 한다. 합동 세배를 하려 둥글게 둘러서니 몇몇 고참 회원은 왼쪽으로 물러서란다. 나는 신참이지만 고참들보다 백발이 더 많은 탓으로 불려날 수밖에. 스승의 사려 깊은 배려이렷다.

"우린 어떻게 하지?" 뒤에서 누군가가 망설이며 중얼댄다.

"맞절하면 되지!" 나부터 몸을 굽혔다. 왜, 내 나이가 어때서, 누가 뭐라 해도 세배하기 딱 좋은 나이인데 말이야….

세배가 별것인가. 신뢰와 존경의 몸짓이요 마음의 소통이다. 체면상 마지못해 하는 절은 허리의 운동에 그치고, 미워하거나 비난을 일삼으면서도 한다면 괴로운 노역이요 인격의 자해행위가 아니겠는가.

나는 대학을 졸업하고도 매년 세배를 다녔다. 상법을 담당했던 정희철(鄭熙喆) 교수, 주례를 서준 고병국(高秉國) 학장과 지도교수 서돈각(徐燉珏) 은사 그렇게 세 분이시다. 이젠 그분들이 모두 가시고 세배를 받는 처지가 되었으니 허전하고 아쉽기 이를 데 없다. 삼십 년쯤만 거슬러 올라가도 학생들이 몰려다니며 세배를 했으나 그것도 피차 번거롭다고 대학별로 신년하례식을 하고 때우더니, 이제는 그나마 추억 속으로 사라져버렸다.

오랜만의 세배에 옛일들이 되살아나 감개무량하다. 내 청춘을 되찾은 느낌이다. 이 메마른 세태에 스승을 찾아 세배를 하고 노소 없이 어울려 윷놀이까지 즐긴다는 것은 크나큰 복락이 아닐 수 없다.

세배를 마치자 곧 윷놀이 판이 벌어졌다. 제비를 뽑아 두 사람씩 편을 짠다. 네 개 윷판이 동시에 가동되니 정신이 없다. 두세 동 업고 가는 말을 잡을 때면 터지는 환호성, 윷 모를 연거푸 치며 팔딱팔딱 뛰는 할매님, 글씨 쓰기에 열중하는 서실 분위기와는 확 다른 동심의 세계가 참으로 볼만 하다. 패자부활전까지 벌여 등수를 매긴다니 판은 뜨겁게 달아오른다. 이래서 서로를 더 깊이 알고 끈끈한 정이 엉기는 것이 아닐까.

나는 공교롭게도 중산(中山) 선배와 한편이 되었다. 연령합산으로 정한다면 단연 일등이지만 경로우대원칙은 윷판에서 통할 리 없다. 우리 편은 한 판도 이겨보지를 못해 꼴찌가 되고 말았는데, 꼴찌상품까지도 마련해주어 치약 하나를 받아 쥐니 지고도 즐겁기만 하다.

설이면 찾아드는 사동 골목 묵객들
구봉루 너른 방엔 말판 열기 뜨거워
모 윷이 터질 때마다 희비(喜悲)가 갈리누나.

윷가락 네 쪽 등에 운세를 내맡기고
애 어른 어울려서 말 들을 몰아가니
바뀌는 인생 항로를 뉘라서 탓을 하랴.

윷가락 네 쪽에 운명을 걸고 인생 항로와도 같은 말판 길을 싸우며 달리자니, 흥미진진할 수밖에. 남녀노소 누구라도 함께 어울릴 수 있는 쉽고도 간편한 놀이다. 조상들의 지혜가 놀랍건만, 스마트 폰에 사로잡혀 전통 놀이문화가 사라져 가니 안타깝기마저 하다.

자랑스러운 세시풍속이나 놀이문화의 보존 발전에 앞장설 전사들이야말로 한자문화의 정수를 갈고닦는 서실의 우리들이 아닐까 자부해본다. 어느새 밤은 깊어 아쉬움을 남긴 채 일어서야 했다.

바지저고리를 곱게 차려입은 노옹은 돌아가는 회원 한 사람 한 사람씩 손을 잡으며 덕담을 나눈다. 나보고는 백세전을 하려면 건강하자고 다시 다짐을 한다.

나의 허전한 가슴을 채워주고 지루함을 달래줄 인간국보 송천의 건강이 항상 팔팔해야 할 터인데… 이 나라 서단을 위해서도 구봉루의 신은 저 할아버지의 기력을 잘 보살펴 주십사고 기원을 하며 돌아왔다. 상쾌한 밤공기를 가르며.

부끄러운 처녀작

개나리가 만발한 화창한 주말이건만 들로 나서지 못하고 또 전시장으로 발걸음을 옮긴다. 기둥에 매달린 족자가 수줍은 듯 반긴다. 가슴이 뿌듯하다. 처음으로 내건 작품이니 자랑스럽기도 하다. 그러나 부끄럽기 이를 데가 없으니 이를 어쩌랴. 바삐 지나온 육 개월이 머리를 스쳐간다.

문인화를 그리고 싶어 배울 곳을 추천해달라고 송천서실에 들렀다가 발목을 잡혀 그날로 글씨부터 시작했다. 무한정 시간과 정력을 쏟아야 해서 미루고 말았던 한자 쓰기에 뒤늦게 덤벼들었다. 내 삶의 오솔길에는 십 년의 문학시대에서 노을녘의 서예시대로 또 하나의 이정표를 꽂은 셈이다. 하늘 천(天) 따지(地)부터 체본을 받아 흉내 내기를 시작했다. 잊지 못할 갑오년 구월 십삼일이다.

화선지 반절도 길다며 반으로 잘라 넉 자를 그려 넣는다. 영(永) 자의 기본 획을 연습하며 며칠을 지내니 붓을 잡은 손의 떨림이 조금은 진정이 된다. 먹 가는 법부터 종이 접기, 또 붓 빠는 요령 오만가지를 선배회원들로부터 틈틈이 새로 배운다. 화선지에 번져가는 검정 글씨가 대견스럽고 재미도 난다.

한 묶음의 반절지가 없어지자 과감하게 전지 쓰기에 도전을 한다. 한 자씩 쓰기도 어려운데 서른두 자를 가로 세로 중심을 잡아 똑바로 배열을 하자니 갈수록 태산이다.

가을이 익어 가는데 서실 게시판엔 2015년 4월의 42회 회원전에 출품할 작품을 등록하라는 광고가 나붙었다. 회원이면 누구나 참가하는 것이 권리요 의무라 싶어 용단을 내린다. 41회 회원전의 도록을 펼쳐놓고 작품을 골라본다. 심천(心泉)이 쓴 주희(朱熹)의 「권학문(勸學問)」 시가 눈에 들어온다.

少年易老學難成 一寸光陰不可輕(소년이로학난성 일촌광음불가경)
未覺池塘春草夢 階前梧葉已秋聲(미각지당춘초몽 계전오엽이추성)

소년은 늙기 쉬우나 학문은 이루기 어려워
짧은 시간이라도 가벼이 하지 말지니
못가의 봄풀은 꿈에서 깨어나지도 못했거늘
뜰 앞의 오동잎에는 어느새 가을빛이 짙구나

한자를 써서 작품을 만드는 작업인데 쓰기가 편하고 결구(結構)가 쉬워야 하겠거늘 시의 내용만을 보고 골랐으니 험로에 스스로 들어선 셈이다.

설상가상으로 전지 작품 하나만도 힘들었을 처지에, 반절지 소품을 더해 두 점을 내기로 욕심마저 부렸으니….

光陰催白髮 文學重青春(광음최백발 문학중청춘)

세월은 백발을 재촉하나 문학은 젊음을 되살린다

아마도 고참 회원들의 눈엔 무식한 만용이 가상했을지도 모른다. 한 번 겪어보면 알게 된다고….

어느 날인가 심천이 연습지에 써서 벽에 걸어놓은 것을 보고 이 작품은 분위기가 좋으니 버리지 말고 꼭 보관해두란다. 아직도 마감이 두 달 가까이 남았는데 고급 작품지에 훨씬 더 잘 써서 보이리라는 자신감에 그 고마운 충고를 흘려버리고 말았다. 후회막급이다.

날이 갈수록 낙관을 쓰려면 손이 더 달달 떨려오니 마음만 초조해지지 않는가. 결국 연습지에 쓴 것이 최종적으로 간택되었으니 고소를 금할 길이 없다. 글씨는 손으로 쓰는 게 아니라 마음으로 쓰는 것인가 보다. 마음을 다스리려면 오만을 털어내고 헛된 욕심을 버려야 한다. 그러니 서예는 예술이기 전에 도(道)가 아닌가.

때마침 주희가 칩거하며 성리학을 체계화한 곳, 무이산(武夷山)의 관광 안내문이 날아 왔다. 마음을 졸여 봐도 소용이 없으니 명시를 남긴 주희의 삶터 현장체험부터 하자며 작품 마감을 앞두고 중국행 비행기에 몸을 실었다.

주희는 무이구곡계(武夷九曲溪)를 거슬러 오르며 「무이구곡가」를 남겼고, 무이산을 갈 수 없었던 이이(李珥)는 그를 흉내 내어 해주(海州)에서 「고산구곡가」를 남겼다. 옛님을 그리며 무이산까지 찾아든 나그네는 계곡의 풍광만 노래할 수는 없지 않은가. 그래서 해암의 「무이구절가(武夷九絶歌)」를 지어보았다. 주희의 권학문시를 고른 무모한 도전을 참 많이도 후회했으나, 그 덕에 뜻밖의 소중한 시조 작품을 건져냈다.

수십 장의 후보를 제치고 최종 선발된 작품을 완성하려면 확인이라도 하듯 도장이 찍혀야 한다. 그런데 나는 낙관도 찍을 줄 모른다. 때마침 중산(中山)이 들어와 부탁을 했다. 잘 썼다고 하며 순수하고 소박한 기품이 풍긴다나…. 격려의 뜻인 줄 안다. 유치원 다니던 손자녀석이 카드에 꼬불꼬불 쓴 '할아버지

메리 크리스마스'를 보고 참 잘 썼다고 칭찬을 해주었던 생각이 떠오른다. 이제 막 배우는 글씨와 어른이 쓴 글씨는 확연히 식별이 되는데 서예야 더 말할 나위가 없으렷다.

젊어서 대만 여행 중에 새겨온 낙관 한 벌을 이제야 처음으로 처녀작품에 찍었으니 큰 짐이라도 내려놓은 느낌이다. '守淸虛(수청허)'란 두인(頭印)까지 찍고 보니, 가슴에 큰 울림이 전해온다. 늦깎이 묵객의 여정이 아무리 고달파도 항상 청아함과 겸허함을 잊지 말라고.

쫑파티

화창한 봄날이 이어졌다. 전시장을 몇 번 들락거리다 보니 이레가 꿈같이 흘렀다. 사월의 한복판에 인사동 한국미술관에서 제42회 송천서회전이 벌어졌다. 여기 처녀작품을 두 점이나 내걸었으니 내게는 가슴 뿌듯한 일이 아닐 수 없다.

하객으로 참석하다 초청자가 되니 만감이 오간다. 서예계 원로들은 하나같이 마흔두 번을 중단 없이 해온 회원전의 그 노력과 열정을 높이 평가했다. 칭찬의 축사를 듣고 있자니 나도 회원의 한 사람이 되었다는 것이 자랑스럽기도 하고, 한편 무임승차를 한 것 같아 좀 쑥스럽기도 했다.

마지막으로 마이크를 잡은 송천 선생. 악전고투하며 반백 년 인사동 골목을 지키면서 해마다 회원전을 독려해 왔으니 그 감회가 남다를 터, 그동안 말도 많이 들었고 잔소리도 숱하게 했지만 자기는 서예를 사랑하고 제자를 가르치기에 열정을 쏟은 죄밖엔 없노라 한다. 쓴소리 고만하기로 약속을 했으니 오늘은 짧게 끝낸다며 마이크를 놓아 더한 박수갈채를 받았다. 지난가을 산수전을 성대하게 마치더니 인간승리자로서의 자신감과 여유를 보여준다. 이제는 기틀이 잡혀 걱정을 안 해도 회원전은 저절로 굴러갈 성싶다며.

마지막 날 작품을 걷어내고 쫑파티로 들어갔다. 한 주간의 노고를 되돌아보며 큰 행사의 마무리를 자축하는 뒤풀이의 모임이었다. '아리랑가든'의 큰 방이 꽉 찼다. 만족과 기쁨이 넘쳐나는 회식의 자리가 무르익어 간다. 선배회원들의 격려와 회고담이 끝나자 끝까지 동참해준 송천선생에게 덕담을 부탁했다.

그 누구보다도 감회가 새로웠으리라. 지나온 평생의 먹물길을 꾸밈없이 토해낸다. 새로 둥지를 튼 초창기는 열정 하나로 일인삼역을 해냈다고. 체본 써주며, 틈틈이 한학을 배우러 다녔다. 회원이 다 간 뒤에는 남몰래 청소까지 해야 했으며, 극성스럽게 계단에 뱉어놓은 껌딱지까지 긁어냈다며 무용담인 양 털어냈다.

열이 오르자, 수없이 들어온 서예예찬론이 또 이어진다. 서예는 무궁무진한 최고의 예술이다. 그래서 화서(畵書)가 아니라 서화(書畵)라 한다. 현대인이 추구하는 최고(最高)의 웰빙(well being)이자 최적(最適)의 힐링(healing)이라고. 그러니 동양인이 꼭 갖춰야 할 큰 덕목이며, 하늘이 우리에게 내려준 축복이란다.

아무리 강조해도 지나침이 없는 이 지론(持論), 내년 봄에 열릴 회원전에는 더 좋은 작품들을 내어 걸고, 쫑파티 때 또 다시 서예론의 속편을 들으며 끈끈한 정을 다지기로 했다.

글씨를 매어달고 마무리는 뒤풀이로
선후배 한 자리에 숨은 사연 쏟아내니
힘겨운 먹물 시름이 기쁨일줄 몰랐네.

번지는 검정 꽃은 갈수록 향도 깊어
내 마음 흐뭇하고 이웃까지 즐겁거니
풍성한 잔치 상마다 큰 꿈이 익어가네.

목이 탄다

제법 날씨가 차다. 역사박물관 건너편 망치 조형물 건물을 찾아 발걸음을 옮긴다. '제2회 한국서예명적 발간 기념전'을 보려고. 내 눈으로 확인하고 행여 영감이라도 얻을까 하니 가슴마저 부푼다. 3층 전시관에 들어서자 바로 황초령진흥왕순수비 대작들이 즐비하게 걸려 있다. 역시 송천 선생의 '眞興太王巡狩碑(진흥태왕순수비)'란 글씨가 눈에 확 빨려든다.

지난번 서평회에서 중산(中山) 선배가 사진까지 찍어다 배부하며 광고하던 바로 그 작품이다.

을미년 송천서회 송년모임의 분위기가 눈에 선하다. 송천 선생께 덕담을 청하니 반백년을 지켜온 서실의 뒤안길을 더듬으며 자신의 소회를 전개했다. 테이블 스피치 치고는 좀 장황한 느낌이나 너무도 진지하다. 마무리를 하나 했는데 다시 진흥왕순수비로 옮겨갔었다. 추사의 '판전'까지 힘주어 설명하던 열변과 그 자부심이 인상적이다.

그 누가 그랬다던가, 송천의 판전체라고. 과연 지금까지 내가 느껴보지 못했던 걸작품이다. 웅장한 일곱 개의 큰 글씨와 그 주위에 빼곡히 박힌 잔글씨들. 기운 듯 일그러진 듯, 한 자 한 획도 같은 모습이 없다. 자신감에 넘치는 완숙한 솜씨가 아닌가.

하기사, 추사는 71세 병중에 써놓고 삼일 후에 운명을 했다는데, 송천은 81세에 왕성한 체력과 투철한 신념으로 완성했으니 칭송할 만도 하다. 지난해 제42회 회원전에 처음으로 작품을 내다 건 글씨유치원생인 나에게는 그저 신기하기만 하다. 찬탄밖에는 할 말이 없다.

문득 어느 문우의 글이 떠오른다. 내 수필을 읽으며 순박하고 고운 마음씨를 느꼈다나. 추사의 판전을 떠올렸다 해도 괜찮겠느냐고도 했다. 나는 그때만 해도 칭찬인가 농담인가 했다. 판전을 들어보지도 못했고, 봉은사를 여러 번 갔어도 그 현판이 걸려있는 줄 몰랐으니 말이다.

"추사체의 졸(拙)함이 극치에 달해 있어 어린아이 글씨 같기도 하고 지팡이로 땅바닥에 쓴 것 같기도 하지만, 졸한 것의 힘과 멋이 천연스럽게 살아 있어 불계공졸(不計工拙: 잘 되고 못되고를 가리지 않는다)도 뛰어넘은 경지(境地)로 보인다."고 평하는 그 명필을.

돌아보면 나는 칠푼이 인생이다. 겨우 10년을 넘긴 늦깎이 글쟁이가 글씨라도 쓰며 소일을 하겠다고 나선 돌장이의 송천 팬이 아닌가. 아직도 낙관 줄에만 가면 내 이름 석 자도 달달 떨리니 판전체 작품이라고 호평을 받는 송천이 더 없이 존경스럽고 부럽기만 하다. 나야말로 이것이 내 판전체수필이라고 자랑할 만한 글을 남길 수 있을까. 글도 글씨도 송암의 판전체는 꿈조차 망발이다.

스스로 마음을 달래며 전시장을 빠져나왔다. 봄이 오면 봉은사도 다시 둘러보리라.

노을은 짙어만 가고 갈 길은 멀다. 그저 목이 타들어간다.

너른 벽에 돋보이는 진흥태왕순수비
획마다 다른 모습 어리숙해 멋지거니
판전이 환생을 했나 옛 임이 놀라겠네.

글 쓰네 글씨 씁네 수선만 떨고 마나
늦깎이 글쟁이질 풋내기 먹물놀이
세월아 쉬었다 가렴 숨 가쁘니 어쩌랴.

안고수비

어느새 또 달력 한 장을 떼게 된다. 한 달이 지난해의 열흘보다도 짧아진 요즘이다. 세월을 탓하면서도 매월 넷째 주는 기다려지니 어쩌랴. 넷째 월요일에는 수필동인들의 '합평회'가, 수요일에는 송천서회의 '서평회'가 내 마음을 부풀게 하기 때문이다.

합평회는 숙제를 해야 하니 늦깎이 글쟁이로서는 여간 부담이 되지 않는다. 그래도 까다로운 철자법에서 뒤꼬인 문맥까지 바로잡고 때로는 제목까지 확 바꿔주어 엉성했던 글이 멋진 작품으로 환생하니 그 맛에 목마르게 기다려진다.

언젠가 서실에 나와 게시판에 붙은 서평회의 안내를 보고 깜짝 놀랐다. 서평회는 어떻게 하는지 궁금증이 솟았다.

나야 유치원생이니 감히 작품을 내 걸 엄두도 못내 외면을 했었으나, 참관만 해도 된다지 않는가. 김밥도 얻어먹고 한 끼 때울 뿐만 아니라 허기진 서욕(書慾)의 시장기마저 달랠 수 있으니 일석이조다. 염치 불구하고 참관해본 것이 재미를 붙이고 말았다.

놀랍게도 넓은 서실의 삼면 벽이 도배를 한 듯 국전지 대작으로 뒤덮인다. 중앙의 긴 테이블들은 연습한 작품지를 깔고 벼루 대신 음식이 놓이니 식탁으로 변신한다. 명필 글씨들을 뒤집어 놓고 보니 더욱 멋있다. 장안의 어느 고급 식당이 이보다 품격이 높을 손가. 식욕마저 돋운다.

식사를 마치자 서평이 시작된다. 수필가들의 합평과는 전혀 다른 모습에 또 한 번 놀랐다.

본인의 자평에 이어 선배인 중산(中山)과 화운(華雲)이 차례로 나선다. 예리한 눈초리가 작품마다 사정없이 흠을 꼬집어내고 때로는 칭찬을 아끼지 않아 박수가 터져 나온다. 축 늘어진 화초 잎에 생수를 듬뿍 뿌려주는 꼴이니 이 꽃밭이 풍성하고 아름다울 수밖에 없다.

마무리로 송천 선생이 총평을 해준다. 달력같이 십여 매씩 묶어 매달린 국전지를 일일이 뒤적이며 이렇게 많이 써야 한다고 격려한다. 그렇다. 무조건 써야 한단다. 나는 전지 한 장을 내걸려고 몇 달을 몸부림쳐도 신통치 않은데 매달 국전지 수십 장을 써대니, 그것도 해서 예서, 전서, 행서, 초서를 섭렵하며. 그 초인적인 노력과 열정에 할 말을 잊는다.

과시 그 스승에 그 제자들이라고 할까. 그렇게도 강조하는 안고수비(眼高手卑)란 한마디가 내 가슴을 파고든다. 눈은 높아도 손이 따라가지 못한다는 뜻이다. 나 같은 글씨유치원생은 말할 것도 없지만, 시성 왕희지(王羲之)마저도 안고수비의 늪에 빠져 항상 자신의 글씨에 만족하지 못했다지 않는가.

그러나 안고수비의 외침은 그 글자의 뜻풀이에 의미가 있는 것이 아니다. 누구나 자신의 눈을 높이기 위해서 열심히 공부하며 손 또한 그 눈높이를 따라가려고 끊임없이 참고 써야한다는 열정을 촉구하는데 그 참뜻이 있지 않은가.

수필은 합평의 결과를 종합해서 고쳐 쓸 수가 있다. 그러나 글씨는 꼭 내 손으로 써야 하고, 개칠이 허용되지 않는 창작품이다. 쓸 때마다 먹물이 조화를 부리니 나는 안고수비의 비수를 피할 길이 없구나. 학문에는 왕도가 없다 했는데 서도(書道)에는 황제의 금수레가 없다.

시산제

마침 송천산악회의 병신년 시산제 소식이 날아들었다. 경치가 좋은 아차산 기슭으로, 전철역에서 2, 30분 걷는 평탄한 길이라는 총무의 미사여구에 입맛이 당겨 참석하겠다는 답장을 즉시 날렸다.

겨울잠에서 깨어나는 개구리에게 내리는 하늘의 은총이었나. 그렇게도 요란하게 쏟아지던 폭우성 봄비가 밤새 멈췄다. 경칩인 오늘 아침의 햇볕은 제법 따시다. 겨우내 쌓인 먼지와 오물들이 깨끗이 사라졌다. 하늘의 축복이라고 좋아하는 회원들의 표정도 환하다. 신참 회원도 많아졌고 산행중 제일 성황을 이뤘다고 중진 선배들도 들떴다. 송천서회의 산행엔 항상 비바람이 비껴갔다며, 오늘도 총무의 기도발이 섰다나….

비스듬히 놓인 바위 아래 푸짐한 제사 음식이 놓인다. 사회 중산의 인도에 따라 묵념과 산악인 선서를 한다.

선서

산악인은 무궁한 세계를 탐색한다.

목적지에 이르기까지 언제나 절망도 포기도 없다.

산악인은 대 자연에 동화되어야 한다. 아무런 꾸밈도 속임도 없이.

다만 자유 평화 사랑의 참 세계를 향한 행진이 있을 따름이다.

- 노산의 산악인 선서

선서가 끝나자 제주인 홍연 회장이 강신주를 올리고 회원들도 재배, 배례의 표현은 각양각색이다.

독축의 바통이 예고도 없이 내게로 왔다. 최고령자라고 예우라도 해주는 것일까. 당황하는 축관의 손에 총무가 준비한 축문이 쥐어진다.

나는 목청을 가다듬고 약간 감정을 실어 느릿느릿 읽어 내렸다.

안전산행 기원문

유세차 병신년 삼월 초엿새 송천서회 산악회 회원들은 배달의 정기어린 이곳 아차산에 모여 백두대간의 산하를 굽어보며 이 땅의 모든 생물을 지켜주시는 신명님께 삼가 고하나이다.

지난 한 해 저희 회원들을 보살펴 주시어 모두가 산행의 무사 안전을 기했음에 감사드립니다. 바라옵건대 금년에도 회원 모두가 산행을 통해서 자연의 소중함을 깨닫게 해주시옵소서. 지치지 않는 힘을 주시고, 정상을 정복하겠다는 오만의 과오를 범하지 않고 산의 품안에 들어 쉬어가는 지혜를 주시고, 심산유곡에서도 안전하게 보호하여 주시옵기를 기원하나이다.

길가의 나무 한 그루, 풀 한 포기, 꽃 한 송이라도 함부로 대하지 말고, 스치는 들짐승 한 마리, 만나는 축새 한 마리라도 따뜻한 눈빛으로 바라보며, 천지간 모든 생물은 저마다 그 나름의 존재의미가 있음을 깨닫고 자연의 순리를 배워가는 시간이 되게 도와주시옵소서.

아울러 송천서회 회원들과 그 가족들까지도 더욱 건강하고 화목하여 소망하는 모든 일이 이루어지도록 보살펴주시기를 간절히 비옵나이다. 회원 한 사람 한 사람마다 글씨복도 크게 내려주시고, 4월에 있을 송천서회 제43회 회원전도 성황리에 마칠 수 있도록 돌보아 주시옵소서.

2016(병신)년 3월 6일

송천서회 산악회 회원 일동

'산악회 회원 일동' 하고 독축이 끝나자 '멋지다'며 박수가 터져, 무거웠던 분위기가 확 바뀌었다.

회장에 이어 연배 순으로 술잔을 올리고 나니, 돼지머리는 없어도 푸른 세종대왕의 초상이 수북이 쌓였다. 나는 이게 제일 좋다며 챙기는 총무의 얼굴엔 미소가 넘쳐나고.

나는 음복을 하며 나눠먹는 음식 맛이 제일 좋았다. 출출한 판에 정성 들여 만들어 온 각종 음식이 식욕을 돋우니 산행의 즐거움을 만끽한다. 총무가 밤잠을 못자고 쪘다는 돼지고기와 제주도에서 시시로 내려오는 내상의 지시 따라 손수 지었노라 실토하는 우담의 오곡찰밥의 인기도가 가장 높아 갈채를 받았다.

진수성찬으로 배를 잔뜩 채우고 나니 더 걸을 기분도 안 난다. 잠시 휴식을 취하고 1시 반에 하산하자고 선언한다. 모처럼 일찍 돌아가 쉬나 했다.

아니나 다를까. 시가지 골목에 들어서니 눈에 뜨이느니 먹을거리 간판이다. 참새가 방앗간을 지나칠 리 만무. 오늘 시산제 수입이 많으니 복이라도 나눠 주려나, 총무의 안내 따라 맥주집으로 기어들었다.

그렇다. 산행의 즐거움은 뒤풀이로 마무리하기 마련. 산등성이의 막걸리판보다야 무릎을 맞대고 둘러앉은 맥주파티 분위기가 훨씬 포근하고 정겹다. 모두들 가득 찬 맥주잔을 기울이며 웃음꽃을 피운다. 마음의 빗장이 풀리니 정담이 풍성하다. 나도 그동안 지켜온 금주의 족쇄를 팽개치고 한잔을 가볍게 비웠으니… 4월의 대공원 산행에도 꼭 참석하기로 우담과 약속까지 덜컥 했다. 아차산의 신령이여 다리에 힘을 주시옵소서.

집에 돌아와 카톡을 여니 저마다 소감을 토로했다. 중산이 선배스럽게 마무리 합평까지.

유정 총무님! 수고 많으셨습니다. 날씨도 넘 맑고 즐거운 시산제였습니다. 홍연 회장님의 홍복이십니다! 우담 감사님 4개월 만에 반가웠습니다. 새로 오신 김문석님 잘 오셨습니다. 대환영입니다.

이범찬 교수님 노익장을 과시하시며 빛이 났습니다. 축문을 시처럼 잘 낭송해 주셔서 가슴이 울렁이었습니다.

청파께서 미국의 드넓은 기상을 몰아오셔서 힘이 배가되었습니다. 40년 만에 서실에 오신 모헌 든든합니다. 일순. 청지. 해암 반가웠습니다. 여성동지님들, 소정, 모인당, 호정 고맙습니다.

이 기상과 이 마음으로 모두모두 파이팅!!~

참석하는 회원들을 즐겁게 해주고 건강까지 북돋워주는 행사가 시산제 말고 어데 있을까싶다.

방을 빼며

사전오기의 힘찬 발걸음이 또 암초에 걸릴 줄이야 어찌 상상이나 했던가.

갑오년 9월 13일이다. 문인화 배울 곳을 알아보러 들렀다가 발목이 잡혔다. 백세전까지 함께 가자고 덜컥 약속을 했다. 그날로 송천서실에 다시 등록을 했다. 체본을 받고 실전에 들어갔다. 한 칸의 사물함도 지정받고 먹물놀이가 시작되었다.

겁도 없이 다음해의 회원전에 참가하겠노라고 도전장을 냈다. 주희의 「권학문」 시를 골랐고, 소품 한 점까지 곁들여 을미년 회원전에 작품을 제출했다.

무모한 도전에 성공은 한 셈이나 작품이 하도 부끄러워 처제가 보러온다는 것을 말렸다. 내년에 좀 더 잘 쓴 작품을 내걸거든 그때나 와 보라고.

이 이야기를 들은 송천이 껄껄 웃는다.

"내년에는 더 좋은 작품을 쓸 것 같아."

아무려면 일 년을 더 쓰는데… 하며, 마음속으로 반기를 들었건만 그것이 적중할 줄이야.

병신년의 작품으로 신기선(申箕善)의 권면(勸勉) 시와 '일체유심조(一切唯心造)' 소품을 골라 일찌감치 서둘렀다.

금년 1월 27일이다. 호흡기 내과에서 정기 정밀검사를 했다. 4년 동안 매년 해오던 검사인데, 금년에는 다음 검사일이 7월 21일로 검사기간이 단축된 것이다.

예감이 좋지 않다. 어쩐지 근자에 와서 목에서 잔기침이 자주 나왔다. 고질병인 코 때문인가 했는데 원인은 호흡기에 있다는 심증이 굳어졌다.

춘천에 사는 동창 율천(栗泉)이 9년 전부터 같은 병원에서 폐 섬유화증을 통원 치료받고 있다는 사실을 뒤늦게 토로한다. 그런데 지난달에 그의 문상을 갔다 왔으니, 큰 충격이 아닐 수 없다.

서예야말로 최고의 웰빙이요 최적의 힐링이란 송천 선생의 지론엔 공감한다. 그러나 건강한 사람의 경우이지, 미세먼지와 싸워야 하는 호흡기환자에게는 적용될 리 만무하다. 여름

겨울, 수시로 바람을 날려야 하는 서실 분위기가 내게는 최악의 환경이란 사실을 간과하는 과오를 범했으니 어쩌랴.

결단을 내렸다. 아쉽지만 서실의 방을 빼고 시골로 내려가 환경을 바꿀 수밖에 도리가 없다.

사전오기의 내 먹물 놀음이 오기오전으로 막을 내려야 할 것인가. 어차피 우리가 가는 길에 완성이란 없는 법, 주어진 여건에서 최선의 노력을 다 할 뿐이다. 진인사대천명(盡人事待天命)이라고 하지 않았던가.

남산 둘레길을 걸으며

'10시 4호선 명동역 3번 출구' 반가운 문자가 날아들었다. 매월 첫 일요일은 산행하는 날이다. 지난달엔 산청 여행과 겹쳐 빠지고 보니 퍽 오래된 느낌마저 든다. 서실에는 나가지도 않건만 산행소식을 빠트리지 않는 송천산악회 총무가 고맙다. 더구나 이번에는 서울 한복판의 남산이라니 나를 배려한 것이 아닌가, 아전인수(我田引水)격의 풀이도 해보니 발걸음마저 한결 가벼워진다.

남산을 오르는 것도 만만치 않겠다싶어 양손에 지팡이를 잡고 나섰다. 케이블카를 탄단다. 중턱에 있는 케이블카 승강장까지 올라가는 것도 걱정을 했는데, 놀랍게도 그곳까지도 경사지를 기어오르는 궤도차가 있지 않은가. 세상이 많이 바뀐 것을 실감했다.

반세기 만에 타보는 남산 케이블카니 감회가 새롭다. M선배도 수십 년 만의 추억을 되살리며 들뜨기는 마찬가지다.

N서울타워는 변함이 없지만 광장 주변은 확 달라졌다. 여기 저기 전망대도 만들어 서울의 전경을 보기 편하도록 잘 정비를 했다. 당연히 눈앞에 전개된 서울도 옛날의 모습이 아니다. 수십 층의 빌딩숲이 아닌가. 인왕산, 북한산, 도봉산, 수락산 등 서울을 에워싼 명산들의 원경이 이렇게 아름다운 줄을 왜 예전엔 몰랐을까. 세계 어디에서도 볼 수 없는 명품 수도 서울의 장관이다. '명산 2016 남산트레킹' 행사를 할만도 하다.

가을의 정취를 만끽하자고 북쪽 둘레길로 방향을 돌렸다. 잘 정비된 돌계단을 내려와 '목멱산방' 앞을 지난다. '와룡묘' 앞에 이르면 명산에 걸맞은 명품 둘레길이라고 찬탄이 절로 나온다. '남산 위에 저 소나무 철갑을 두른 듯' 하다고 하였지만 활엽수로 뒤덮인 골짝은 발갛게 불타고 있지 않은가.

길 따라 흐르는 실개천의 물이 내 마음을 씻어준다. 서쪽과 동쪽에서 흘러와 와룡묘 입구의 작은 늪으로 모인다.

길가에 늘어선 벚꽃나무 단풍나무가 터널을 이루고 있다. 올해도 굵은 벚꽃나무를 여기저기 보식을 했다. 내년 봄의 꽃 대궐은 더욱 황홀할 것이 눈에 선하다.

목멱산 가로질러 불타오른 둘레길
실개천 졸졸대며 옛이야기 그침 없어
아가는 엄마손 잡고 푸른 꿈을 키우네.

국립극장 뒤편에서 왼쪽으로 방향을 바꿔 장충단 공원으로 내려섰다. 좀 가파르나 조용해서 좋다. 마침 전망 좋은 정자가 우리를 반긴다. 젊은 회원이 지고 온 막걸리로 목을 축일 수 있어 한결 흥을 돋웠다. 한적하던 공원의 능선길이 이렇게 화려한 변신을 하다니… 젊은 날의 그 언덕 그 자리는 찾을 길이 없고나.

아늑한 휴식처 '다담에뜰'과 이준 열사 동상이 시선을 끈다. 청계천에서 사라졌던 유서 깊은 수표교(水標橋, 서울특별시 유형문화재 제18호)가 공원 입구에 놓여 있다. 그 옆으로 수없이 오갔지만 차를 타고 지나쳤으니 볼 수 없었지 않았던가. 우리는 낯선 곳으로 떠나기를 즐기다보니 의외로 가까운 곳의 명소를 소홀히 하기 쉽다. 그뿐일까, 가장 가까운 내 몸통도 들여다보지를 않아 뒤늦게 중병에 시달리기도 한다. 눈 감고 자신의 마음을 성찰하지 못해 허망한 꼴을 당하지도 않던가.

동국대학 앞길을 건너면 바로 장충동 족발 거리다. 원조라는 할머니 집에서 즐거운 나들이를 마감한다. 연말에도 남산을 다시 둘러보기로 하며 마냥 웃음꽃을 피웠다.